# 아직 트라우마를 겪고 있지만

# 아직 트라우마를 겪고 있지만

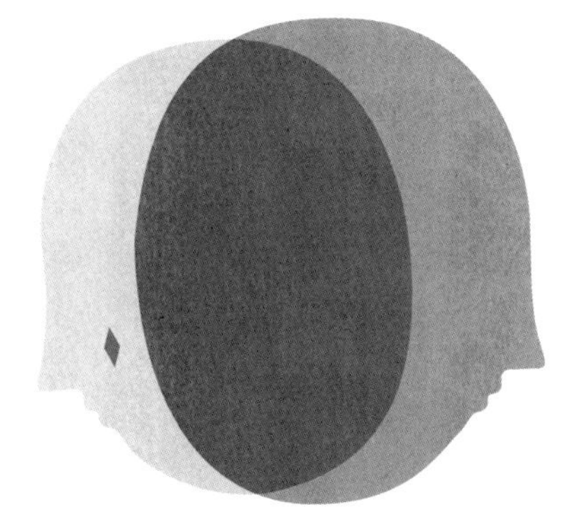

아주 보통의 글쓰기 04

하강산 지음

## 아직 한 번도 만나지 못한 나의 친구에게

글항아리

일러두기

· 우리말로 옮겨진 영화나 번역서 중 국립국어원의 외래어 표기법과 달리 표기되어 유통된 작품들이 있다. 책에서는 표기법에 맞게 수정했음을 밝힌다. 예를 들어 '빠삐용'→파피용, '상윳따 니까야'→'상윳타 니카야'와 같은 것이다. 다만 참고문헌에서는 출간본 그대로 표기했다.

# 머리말

이 글은 트라우마와 여전히 싸우고 있는 사람의 글입니다. 이미 트라우마를 극복하고 그 과정을 회고하면서 쓴 글이 아니며, 학자나 의사로서 수행한 학문적인 연구와 관찰도 아닙니다.

이 글은 치열한 전쟁터의 한복판에서 이순신이 남겼던 비망록과 비슷하며, 위태로운 은신처에서 외로움을 견디기 위해 적어내려갔던 안네 프랑크의 고백과 닮아 있습니다. 그리고 끊임없는 역경에도 굴하지 않고 자신의 길을 계속 가며 썼던 에르네스토 체 게바라의 편지에서 영감을 얻은 글입니다.

많은 사람에게 큰 위로와 도움을 주었던 분들의 글에 제 빈약한 글을 빗댄다는 게 어리석은 짓이라는 것을 잘 압니다. 다만 저 역시 그들의 글을 읽고 삶을 배우면서, 지금껏 제 여정을 이어올 수 있었다는 고마움을 표하기 위해 주제넘은 비유를 하고 말았습니다.

이 글은 제 삶의 고난이 깊어지면서 그것을 트라우마로 자각하는 과정, 트라우마의 본성에 다가가면서 트라우마에 대한 견해가 전복되는 과정, 삶이 갖는 트라우마의 '근원성根源性과 내재성內在性'을 발견하는 과정, 그리고 트라우마를 어떻게 치유할 수 있는지 알아가는 과정을 담고 있습니다.

저는 이 글에서 다양한 분야의 책과 여러 나라의 영화를 소개하고 있습니다. 또한 노래와 시, 그림도 인용하고 있습니다. 그건 제가 아무리 힘든 길을 걸어왔어도, 인간이라면 피할 수 없는 보편적인 삶의 문제들과 제 문제가 결코 다르지 않음을 잊고 싶지 않았기 때문입니다.

또 과학의 언어, 개념의 언어만으로는 이 책의 다섯 가지 키워드인 '트라우마, 공감, 기억, 경청 그리고 목적'을 온전하게 전할 수 없어, 영화나 시와 같은 형상언어를 활용하고 싶었습니다. 그래서 이 책은 이미 오랫동안 많은 사람이 했던 이야기를 제 삶의 경험으로 풀어서 설명하고 있을 뿐입니다. 공자는 이것을 '술이부작述而不作'이라고 표현하기도 했습니다.

제 삶의 고난에 대한 이야기가 이 책의 어둠이라면 공감, 기억, 경청에 대한 이야기는 이 책의 밝음입니다. 이것들은 물론 불가분의 관계에 있지만, 그믐밤과 보름밤의 차이와 같습니다. 그리고 이 두 밤 사이에서 희미하지만 언제나 반짝이는 작은 별들이 있습니다. 철학자 칸트는 자신의 묘비에 '두 가지가 마음을 가득 채웁니다. (…) 내 위의 별로 뒤덮인 하늘과 내 안의 도덕입니다'라는 시를 남겼습니다.

트라우마로 삶의 고난이 본격화된 후 제게 낮은 없고, 밤만 있었다는 느낌이 듭니다. 한낮에 거리를 걸어도 그 길은 늘 어두워 보였습니다. 하지만 어둠 속에도 별빛처럼 희망이 깜박이고 있고, 가녀린 촛불의 떨림처럼 알 수 없는 인연이 이어지고 있음을 저는 그 긴 밤들을 통해 배울 수 있었습니다.

힘들고 괴로운 이야기가 부담스럽다면 마지막 장부터 거꾸로 읽어도 괜찮습니다. 그믐밤이 시작인지 보름밤이 시작인지 우리는 알 수도 없거니와 알 필요도 없습니다. 다만 밤은 어두워서 밤이 아니라, 깨어 있지 못해 밤이라는 점을 기억할 필요는 있을 것입니다.

저는 한때 스스로를 '밑 빠진 독, 깨진 항아리'라고 부른 적이 있습니다. 아무리 채우고 또 채워도, 제 안에 무엇 하나 온전히 남아 있지 않았습니다. 이것이 제 트라우마의 모습 중 하나였습니다. 길은 오직 하나뿐이었습니다. 영화 「달마야 놀자」에 나오는 한 장면처럼 저는 저와 제 글을 알 수 없는 세상 속에 그냥 던져버리기로 했습니다.

밑이 빠지고 깨져서 물이 새는 항아리 같은 제 글이 '글항아리' 출판사에서 나오게 된 것을, 그래서 저는 기이한 인연이라고 받아들이고 있습니다. 부족한 글을 읽고 출판을 결정해준 이은혜 편집장과 강성민 대표에게 제 마음속 깊은 곳에서 울리는 고마움을 전하고 싶습니다.

# 차례

나는 왜 이 글을 쓰려는 걸까? 왜 너에게 내 이야기를 하려는 걸까? 나는 아직 너를 한 번도 만나지 못했다. 물론 네 이름과 얼굴, 하는 일과 사는 곳을 알고 있고, 과거에 우리가 함께했던 시간도 제법 기억하고 있다. 다만 나는 아직 너의 진짜 모습을 한 번도 본 적이 없다. 때문에 나는 너를 잘 모른다. 이 험한 세상을 살아가기 위해 우리가 항상 쓰고 다니는 가면이란 게 얼마나 두껍고 우리 본래의 모습을 왜곡시켜놓는지 조금 알 뿐이다.

그러니 아직 한 번도 만난 적 없는 너에게 이런 편지를 쓴다는 것이 얼마나 터무니없는 짓일까. 그러나 우리 삶은 터무니없음과 이것을 상대해야 하는 곤혹스러움으로 가득 차 있는 것 같다. 말하고자 하는 내용과 그것을 말하고 듣는 과정은 닮아 있을 수밖에 없다.

나는 지금 병들어 있다. 그럼에도 이렇게 쓰고 있다. 병은 골수에 미쳤는데, 나는 그저 뭐라도 해야겠다는 절박감을 느낄 뿐이다. 극도의 불안과, 어떤 탈출구도 보이지 않는다는 무기력이 엄습하기도 한다. 그러나 나는 한밤중에도 눈을 부릅뜨고 있는 국경의 초병처럼 내게 왔다 사라지는, 사라졌다가 또다시 나타나는 그림자들을 담담히 바라보며 이렇게 쓰고 있는 것이다.

정약용이 유배지에서 『여유당전서』라는 방대한 저술을 남긴 사실을 알고 있을 것이다. 그러나 왜 그렇게 척박한 환경에서 많은 글을 썼는지에 대해서는 잘 알려져 있지 않다. 역사학자 신동원은 어느 세미나에서 이렇게 평가했다.

> 다산 선생이 아픈 몸이 아니었다면 저술을 하지 않았을지도 모른다. 아픈 몸을 잊게 한 것이 오로지 저술 활동이었다.

다산은 유배지에서 계속 풍병風病에 시달렸으나, 병석에 누워서도 쓰고 또 쓰기를 멈추지 않았다. 내게는 다산과 같은 학식과 초인적인 능력이 없지만, 그 마음은 조금 알 것도 같다.

너에게 쓰는 편지 형식을 취했지만, 이 글은 꼭 너만이 아니라 적어도 나를 아는 모든 이에게, 나아가 자신에게 주어진 삶의 길을 묵묵히 걸어가고 있는 모든 사람에게 하고 싶었던 이야기를 담고 있다. 이야기를 '들어주는 것'과 짐을 '들어주는 것'은 같은 일이라고 나는 생각한다. 이 글을 쓰는 나도 무겁지만, 이 글을 읽는 너도 많이 무거울 것이다.

문득 영화 「공동경비구역 JSA」의 깊은 밤을 흐르던 김광석의 「이등병의 편지」가 떠오른다. 낯설고 새로운 길로 들어선 사람의, 그러나 아직 너무 미숙한 이등병과 같은 사람의 첫 편지로 부디 나의 글을 읽어다오. 삭여지지 않아 단단한 응어리로 남아 있는 기억과 생각들이 뿌연 도심의 하늘 밑을 날아다니는 새들처럼 내 마음속을 떠다니고 있구나.

# 1.

# 나의
트라우마

트라우마trauma라는 말을 들어봤을 것이다. 트라우마가 병리 현상으로 다루어질 때는 '외상 후 스트레스 장애PTSD'라는 이름으로 불리기도 한다. 나에게는 심각한 트라우마가 있다. 이 가공할 만한 병과 싸우기 위해 나는 오랫동안 몸부림쳤다. 스스로 해결책을 찾고자 많은 책을 읽었고, 도움을 줄 수 있으리라 생각되는 사람들도 만났다. 학자나 의사들이 학문적인 관심과 직업적인 이유로 이 병에 대해 공부했다면, 나는 살기 위해 그렇게 해야 했다.

영화나 드라마의 영향으로 대부분의 사람은 트라우마 하면 보통 전쟁, 성폭력과 같이 '예외적이고 비일상적인 사고'로 인해 발생한 장애만을 떠올린다. 보통 사람들뿐만 아니라 정신과 의사나 심리학자들도 종종 그런다. 하지만 트라우마라는 개념과 진단이 정신의학계나 심리학계에서 인정받기 전까지는 전쟁 등으로 인한 심신의 문제조차 트라우마로 인정받지 못했었다.

하지현 교수의 『정신의학의 탄생』에 따르면, 트라우마라는 이름이 정착되고 이것이 심각한 질병의 하나로 인식되기 시작한 것은 『정신질환 진단 및 통계 편람DSM』 제3판이 미국에서 발간된 1980년대 이후부터다. 그 전까지는 전쟁에서 돌아와 일상으로 복귀하지 못한 군인들이나, 성폭력 후유증에 시달리는 이들에게 사회는 '미친놈들' 혹은 '지나치게 예민한 사람들'이란 수식어 이상을 붙이지 않았다.

여전히 트라우마가 갖는 이미지에 많은 사람이 사로잡혀 있음을 보고 있다. 정치 영역에서뿐만 아니라 의학 영역에서도 이미지가 중요한 역할을 한다는 것은 참 서글픈 현실이 아닐 수 없다. 뭔가 충격적이고 영화에 나올 법한 드라마틱한 참사가 곧바로 확인되지 않으면 전문가들도 트라우마의 가능성을 별로 고려하지 않는 것이다. 전쟁과 강간을 넘어 이제는 유아기 발달장애, 가정폭력, 자연재해, 교통사고 등 일상의 사고들도 트라우마의 원인으로 언급되지만, 여전히 갈 길이 멀다고 생각한다.

트라우마는 '생명에 대한 위협을 느낄 정도의 극단적인 고통'을 겪었을 때 발생할 수 있다. 어떤 사건이 단순한 충격이나 혐오감 정도가 아니라, '더 이상 살고 싶지 않을 정도의, 더는 도저히 살 수 없을 것 같은 고통'을 느끼게 했다면, 그 사건이 무엇이건 트라우마로 이어질 수 있다. 이것은 우리가 스트레스라고 부르는 수준을 넘어, 몸과 마음에 심각한 문제를 일으키고 우리를 파괴한다. 그런데 여기서 중요한 것은 '사건'이 아니라 '사람'이다.

1980년대 대학 신입생들의 필독서 중 하나였던 『철학 에세이』에는 연못과 돌멩이의 비유가 나온다. 돌멩이를 연못에 던지면 잠시 파문을 일으키고 가라앉아버린다. 하지만 얼어 있는 연못에 던지면 돌멩이는 얼음에 큰 상처를 남기고, 거기 그대로 얼어붙은 채 오랫동안 박혀 있게 된다. 트라우마의 다양성은 개인이 가진 다양성 때문이다.

똑같은 사건을 겪었어도 그 사건의 충격과 의미는 저마다 다르다. 다시 말해 이 세상에 똑같은 사건은 없다. 오직 '누군가의 사건'이 있을 뿐이다.

나는 지난 20년 동안 트라우마와 싸우고 있고, 아직 그 싸움은 끝나지 않았다. 처음에는 층간소음과 같은 공동주택의 소음이 내 삶을 파괴하기 시작했다고 생각했다. 그것은 마치 강물처럼 흐르면서 더 넓고 깊어져갔고, 만성불안과 만성통증, 경제적 곤란과 사회적 고립이라는 하류에까지 이르렀다. 이제 내 앞에 남은 것은 검은빛을 띠며 무거운 침묵을 지키고 있는 바다밖에 없다는 느낌이다.

심각한 트라우마가 단지 소음 때문에 시작되었다고? 이렇게 의아하게 여길지 모른다. 내가 심리 상담사나 정신건강의학과 의사들에게 이야기를 꺼내려 할 때마다 그들의 첫 반응도 그런 식이었다. 하지만 기억해주었으면 한다. 전쟁의 참상을 겪은 후 깊은 상처를 안고 집으로 돌아온 군인에게도, 강간의 폭력에 몸서리치다 마음의 문을 걸어 잠근 여성에게도 사람들은 아주 오랫동안 그렇게 말해왔다는 것을.

그렇다면 먼저 나는 많은 사람이 겪고 있는 공동주택의 소음이라는 '흔한' 문제가 왜 유독 나에게는 감당하기 힘든 문제로 다가왔는지를 이야기하고 싶다. 그것이 왜 더 살고 싶지도, 더 살 수도 없을 것 같은 고통이었는지 지금부터 이야기하고자 한다.

## 2.

# 모든 것이
# 한꺼번에 일어났다

1999년은 잊을 수 없는 해다. 지금 내 고통의 씨앗 대부분이 그때를 전후해서 뿌려졌으며, 아직 하나도 죽지 않은 채 굳건히 뿌리를 내리고 있다. 1999년의 비극은 1998년쯤부터 그 모습을 드러내고 있었다.

당시 내가 다니던 회사는 1998년 IMF 사태 이후 직격탄을 맞아 해체된 대기업의 위장 계열사였다. 컴퓨터 제조와 유통으로 당시에도 연간 매출이 7000억 원에 달하는 준대기업 수준이었지만, 월급은 밀리기 일쑤였다. 모기업이 흔들리면 도산 수순을 밟아야 할 만큼 허약한 회사였다. 거래 업체들을 통해 부도가 임박했다는 소문이 이어질 때쯤, 우리 집에는 불행한 사건이 연이어 터지기 시작했다.

아버지와 어머니가 평생을 모아 장만한 작은 상가가 하나 있었다. 그 상가가 있는 건물의 재건축 사업이 IMF 여파로 좌절되어버렸다. 거기다 재건축 조합장과 그 일당이 저지른 사기로 인해 상가가 날아간 것도 모자라 우리 가족이 살던 집이 법원 경매에 넘어가게 되었다. 우리 가족은 하루아침에 거리로 나앉아야 할 처지가 되었다.

이때 설상가상으로 아버지가 갑자기 쓰러지시고, 병원에서 심장동맥이 비정상적으로 좁아져 있다는 협심증 진단을 받게 되었다. 담당 의사는 하루빨리 수술을 받지 않으면 언제 돌연사할지 모른다며

위급한 상황을 알렸다. 나는 아버지가 쓰러지던 날 응급실에서, 아버지의 옆 침대에 누워 있던 아버지 또래의 한 남자가 돌연사하는 것을 목격했다. 그 역시 협심증이었고, 아들이 잠깐 담배를 피우러 나간 사이에 죽었다.

1998년 겨울, 나는 다니던 회사를 그만두었다. 언제 집이 경매에 넘어갈지도, 언제 아버지가 다시 쓰러질지도 모르는 상황이었다. 그러니 몇 달씩이나 월급이 밀리는 회사에서 계속 버틴다는 것은 무의미하게 느껴졌다. 나는 모험을 해보기로 했다. 대학 시절 나를 학생 운동의 길로 이끌었던 한 선배의 권유를 받아들였다. 나는 그 선배로 인해 학생 운동을 시작했지만, 그 선배로 인해 학생 운동에 회의를 품었고, 결국 평범한 직장인이 되기로 했던 기억을 잠시 내려놓았다. 그에게는 어쨌든 승부사 기질이 있었고, 그때 내겐 다른 대안이 별로 없었다. 당시 사회적 붐이 일고 있었던 IT 벤처 창업에 나도 참여하기로 했다.

결과는 실패였다. 나의 어리석음 탓이었지만, 나는 그 선배에게 그래도 인간적인 면이 조금은 남아 있을 거라 믿고 있었다. 하지만 선배는 기술 개발이 아니라 먼저 투자금을 받아낸 후 그 돈으로 다른 장사를 해 기업의 외형을 불리는 일종의 불법적인 전략을 썼다. 여기에 내가 제동을 걸자 1999년 가을의 어느 날 밤, 여섯 명의 창업자가 모두 모여 밤새 논쟁을 벌였다. 그 선배는 노골적으로 '개처럼 벌어서 정승처럼 쓰자'고 했다. 나머지 네 명은 침묵했다.

그는 신입생인 내게 『전태일 평전』을 건넸던 사람이다. 전태일은 초등학교도 졸업하지 못했지만, 우리나라에서 거의 꺼져가던 노동운동의 불씨를 온몸으로 되살려낸 사람이었다. 노동운동에 지쳐 잠시 산속으로 갔을 때 그는 다음과 같은 고백을 일기에 남겼다.

> 나는 돌아가야 한다. 꼭 돌아가야 한다. 불쌍한 내 형제의 곁으로, 내 마음의 고향으로.

내 돌아갈 곳이 어디인지 잘 몰랐지만, 적어도 그 회사가 아니라는 것은 분명했다. 나는 그에게 그 책을 다시 한번 읽어볼 것을 권하고, 이튿날 회사를 떠났다. 창업자로서의 내 지분은 포기했다. 이후 그 선배는 눈먼 돈 몇십억 원을 유치하는 데 성공했다. 강남역 사거리에 번듯한 사무실을 차리고, 직원 수십 명을 거느린 IT 벤처기업의 사장이 되었다. 물론 그 회사는 몇 년을 버티지 못하고 무너졌고, 선배는 곧 신용불량자가 되었다.

이때 나를 괴롭힌 것은 내가 실업자가 되었다거나 하는 경제적인 문제가 아니었다. 인간에 대한 절망, 그 어둡고 역겨운 그림자와 직접 대면하는 것이었다. 다니던 회사를 나올 때 나는 2년 가까이 사귀던 여자친구와 헤어지는 아픔을 겪고 있었다. 여기에다 그 선배와 함께 벤처기업을 운영할 당시, 그 선배만큼이나 형으로 믿고 따르던 사람에게도 배신을 당했다. 한 번도 아니고 두 번이나 대출 보증을 서주었는데, 그는 잠적했다. 그래서 창업 기업의 쥐꼬리만 한 내 월급에는 가압류가 걸려 있었고, 나는 그 기간에 제대로 된 월급 한 번도 가져가본 적이 없었다.

『차라투스트라는 이렇게 말했다』에서 니체는 '괴물과 싸우는 사람은 그 싸움 속에서 스스로 괴물이 되지 않도록 조심해야 한다'고 경고했다. 나는 그즈음 인간에 대한 믿음이 산산이 부서져 버리는 경험을 연이어 해야 했고, 그 스트레스만으로도 감당하기 어려운 지경이었다. 니체의 말대로 괴물의 심연을 들여다보자, 그 심연 또한 나를 들여다보고 있었다.

1999년 가을, 나는 그렇게 지쳐가고 있었다. 이미 충분히 상처받았다고 생각했지만 진짜 불행은 이제 시작이었다. 형이 느닷없이 고열에 시달리면서 병원에 입원을 했다. 개인 의원에 입원했을 때만 해도 단순한 열 감기로 생각했는데, 2주가 넘게 열이 떨어지지 않자, 의사는 감염내과 권위자가 있다는 연대 세브란스 병원으로의 전원을 결정했다. 그곳에서도 고열의 원인은 밝혀내지 못했다.

나는 두려웠다. 『소학』의 '복이나 화는 정해져 있는 것이 아니라, 오직 사람이 스스로 불러들이는 것이다禍福無門, 惟人所召'라는 구절이 떠올랐다. 도대체 내가, 우리 가족이 무엇을 잘못했기에 이런 불행이 한꺼번에 닥쳐오는지 몰라 괴로웠다.

낮에는 형수님이, 밤에는 내가 입원실을 지켰다. 아버지가 협심증으로 언제 다시 쓰러질지, 집은 언제 경매에 넘어갈지 모르는 상태가 이어지고 있었다. 나는 믿었던 사람들로부터 여러 번 배신을 당해 이미 심신이 엉망이었지만, 병원을 떠날 수 없었다. 한 달 넘게 입원실에서 쪽잠을 자면서 살았다. 절망에 빠진 형수님이나 네 살 된 어린 조카를 위로하는 역할을 그만둘 수도 없었다.

입원실에 딸려 있는 화장실 변기에 앉아 밤새 시오노 나나미의 『로마인 이야기』와 조정래의 『태백산맥』을 읽었다. 책을 읽으며 현실의 고통을 조금은 잊어버릴 수 있었다. 시오노는 영웅에, 조정래는 무명씨들에게 초점을 맞추고 있었다. 어떤 관점이든 '삶은 죽음에 의지하고 있다'고 역사는 가르쳤다. 이때 나는 나도 모르는 사이에 이후에 지속될 강박적인 책 읽기 습관을 들이고 있었는지도 모른다.

한동안 진정 상태를 보이던 형은 어느 날 새벽, 피를 토하며 중환자실로 실려갔다. 그러나 원인을 몰랐기 때문에 의료진도 마약성 진통제를 투여하는 것 말고는 할 수 있는 일이 없었다. 의사는 사실상 형의 사망 선고를 내렸다. 가족들에게 알리고 마음의 준비를 하라고 말했다. 아버지에게 더 충격을 줄 수는 없어, 나는 그때까지도 아버지나 어머니에게 형 이야기를 하지 않고 있었다.

지금도 형이 피를 토하며 중환자실로 실려가던 날 새벽을 잊을 수가 없다. 중환자실 문이 닫히고, 나는 병원 안의 사람이 아무도 없는 곳을 찾아갔다. 현실의 무게가 감당하기 어려웠다. 울고 싶었다. 그러나 눈물이 나지 않았다.

닐 게이먼의 『북유럽 신화』는 영어의 지옥에 해당되는 'Hell'이 북유럽 신화에 '죽은 자들의 지배자'로 등장하는 여신 'Hel'의 이름에서 왔음을 전한다. 헤르모드는 자신의 죽은 형 발데르를 살리기 위해 Hel을 찾아가 간청한다. Hel은 '지상의 모두가 발데르를 위해 울어준다면' 살려주겠다고 한다. 나는 하다못해 나만이라도 울려고 벽에 머리를 찧기도 했다.

형은 죽지 않았다. 중환자실로 실려간 지 일주일 만에 살아났다. 의사들은 왜 형에게 고열이 발생했는지 모르는 것처럼, 왜 형이 회복되었는지도 알지 못한다고 했다. 이렇게 한숨 돌렸지만, 아버지의 수술이 남아 있었다. 의사는 수술을 더 늦추면 목숨을 장담할 수 없다고 통보를 해왔다. 형이 얼마간의 안정기를 거쳐 퇴원하자마자 나는 아버지를 고려대 구로병원에 입원시키고 다시 병원에서 살았다. 수술은 잘 되었고 아버지도 죽지 않았다. 하지만 1999년 겨울, 나는 이미 만신창이가 되어 있었다.

강준만 교수는 『습관의 문법』에서 '습관은 독재자다'라고 말했다. 특별한 계기가 없으면, 우리는 과거의 습관에 따라 노예처럼 살아간다. 나에게는 멈춤이라는 습관이 없었고, 오직 앞만 보고 달리는 습관만 있었다. 초기 불교 경전인 『앙굿타라 니카야』 「소나 경」에서 고타마 싯다르타는 발바닥에 피가 나도록 수행만 하는 제자 소나에게 현악기의 줄은 너무 팽팽하거나 너무 느슨하면 제대로 제가 소리가 나지 않는다고 지적했다. 노자도 '멈춤을 알면 위태롭지 않다知止不殆'고 했다. 수술을 끝낸 아버지가 퇴원할 때쯤 나도 멈추고 쉬었다면 아마 위태롭지 않았을지도 모른다.

그해 겨울, 나는 다시 새로운 직장을 찾고 있었다. 당시 나나 우리 집 재정 상태를 고려할 때, 한 푼이라도 버는 것 말고는 대안이 없었다. 무엇보다 대출 보증을 서준 것이 큰 짐이 되었다. 당시 내 2년 치 연봉에 해당되는 적지 않은 돈이었기 때문이다. 가슴에 무거운 돌덩이를 얹고 살아가는 기분이었다. 그 선배와는 연락조차 되지 않았다. 86학번으로 학생 운동을 했던 사람이었으나, 나중에 그가 국가정보원(안기부)에 고용된 학원 프락치였다는 사실을 알게 되었다. 그때 나는 두 얼굴의 '야누스Janus'를 직접 본 기분이었다.

지금 생각하면 큰 불행이 될 선택이었지만, 당시로서는 다행히도 컴퓨터 업계의 지인이 소개해 막 창업을 준비하고 있던 벤처기업에 다시 입사할 수 있었다. 나는 어린 나이였지만, 그 이사의 추천으로 기획실장이 되었고 밤낮없이 일했다. 새벽에 퇴근하거나 아니면 근처 여관에서 잤고, 술을 못 먹는 체질인데 접대를 이유로 술도 마셨다. 어느 날에는 술을 먹고 길에서 기절을 하기도 했다.

그러나 결과는 역시 실패였다. 중앙 일간지에 전면 광고를 낼 정도로 호기롭게 출발했지만, 후속 투자 유치를 못 했고 사장은 구속되었다. 창업하는 벤처기업 중 성공하는 곳이 얼마나 될까? 1퍼센트 수준이라고 나는 알고 있다. 불과 반년 만에 다시 실업자가 되었다. 그러나 문제는 그게 아니었다. 나는 이제 막 시작하는 회사의 세부 사항을 총괄해야 했던 기획실장이었다. 그 살인적인 격무로 인해 내 몸과 마음은 더 엉망이 되어 있었다.

이즈음에 여동생이 결혼을 했다. 결혼식 준비로 바쁜 여동생에게 나는 당시 형이나 아버지 문제를 자세히 말할 수 없었다. 흰 드레스를 입은 여동생이 건강을 되찾은 아버지의 손을 잡고 예식장으로 걸어 들어올 때, 나도 모르게 눈물을 쏟을 뻔했다. 그때 나는 가혹했던 우리 가족의 불행이 이즈음에서 마무리되어간다고 생각했다. 그러나 내 개인의 불행은 그때부터 본격적으로 내 삶에 들어왔다.

2000년 초에 우리 집은 이사를 했다. 어머니의 노력으로 집이 경매에 넘어가기 전에, 헐값이지만 살던 집을 매각할 수 있었다. 그 돈으로 은행 빚을 갚고 남은 돈으로 인근에서 가장 싸고 작은 아파트를 한 채 샀다. 그리고 바로 이 아파트에서 지난 20년 동안 계속되고 있는 내 가혹한 트라우마의 긴 여정이 시작되었다.

돌아보면 나는 이때쯤 정말 쉬어야 했다. 그러나 다시 일을 시작했고 이 또한 창업이었다. 2000년 초에 내가 사표를 내고 나왔던 컴퓨터 회사는 결국 부도 처리가 되었다. IMF 여파로 가뜩이나 취업이 어려운 시기에, 이 회사에서만 컴퓨터 관련 인원 몇백 명이 노동 시장에 풀렸다. 이미 1년의 공백기가 있었던 나는 일자리를 찾기가 더욱 힘들었다.

나는 지인 둘과 합자해 수원에 컴퓨터 대리점을 차렸다. 집에서 출퇴근하는 데만 차로 3시간이 넘게 걸렸다. 제품 배달을 위해 구입했던 진동이 심한 소형 승합차를 타고 다녔다. 서른한 살이라는 젊은 나이였지만, 체력의 한계가 느껴졌다. 컴퓨터를 팔아 고객의 집에 설치해주러 가면 별로 덥지 않은 날씨인데도 옷이 다 젖을 만큼 땀을 흘렸다.

내 몸에 뭔가 이상이 있음을 느꼈지만, 월급도 가져가지 못할 정도로 장사가 안 돼 이를 악물 수밖에 없었다. 2000년 여름을 지날 때쯤 내 몸에는 의사들도 원인을 찾을 수 없는 만성통증이 나타나고 있었다. 운전을 하려고 운전석에 앉거나 의자에 앉으면, 왼쪽 옆구리에 참기 힘든 통증이 느껴졌다. 이 통증은 20년이 지난 지금도 이어지고 있다.

그리고 이때 새로 이사 간 아파트에서 '층간소음'이란 것을 처음으로 알게 되었다. 이사하고 한동안은 아파트가 정말 조용한 곳이라 생각되었다. 그도 그럴 것이 새벽에 일하러 나가면 한밤중이 다 되어서 돌아와 쓰러지듯 잠만 잤기 때문이다. 소리가 날 만한 시간에 집에 있거나 깨어 있어본 적이 없었다. 어느 날인가 몸이 몹시 좋지 않아 하루 일을 쉬고 집에 누워 있을 때였다. 처음으로 위층에서 쿵쿵거리는 소리를 들었을 때를 나는 지금도 잊지 못한다. 너무 놀랐기 때문이다. 살면서 내가 사는 집에서 그렇게 큰 소리가 나는 것을 그때 처음 경험해보았다.

만일 이때 내 심신이 2년에 걸친 악몽으로 완전히 망가진 상태가 아니었다면, 그 소음은 나를 그토록 괴롭히지 않았을지도 모른다. 얼마쯤 시간이 흐른 후에는 나도 다른 사람들처럼 그 소음에 적응했을지도 모른다. 그러나 그때 나는 이미 극도로 소진消盡된 상태였다. 당시에는 그걸 자각하지 못했지만, 지금 돌이켜보면 나는 '소진 증후군 Burnout syndrome' 환자의 전형적인 증상들을 이미 모두 보이고 있었다.

'소진'이라는 개념은 미국의 정신분석가 허버트 프로이덴버거가

1970년대에 「상담가들의 소진Burnout of Staffs」이라는 논문에서 처음 제안한 것으로 알려져 있다. 그는 약물 중독자들을 상담하거나 치료하는 의사 등 주로 누군가를 돕는 일을 하는 사람들을 관찰했다. 이들은 극도의 스트레스에 오랜 시간 노출된 후, 무언가 완전히 다 타 버린 듯한 상태처럼 무기력해지고 심신의 기능이 저하되곤 했다.

내가 사회 초년생으로 컴퓨터 회사에 입사했던 1996년, 그 회사의 공식 출퇴근 시간은 새벽 6시와 밤 10시 30분이었다. 당시 업계 최고 수준의 급여보다 더 많이 주는 대신, 근로기준법을 무시한 조건으로 노동력을 최대한 활용한다는 게 사업주의 전략이었다. 아직 체력에 자신 있었던 나는 월 30만 원이 넘는 택시비를 감수하면서 이 회사에 다녔다. 2년 반 동안 재직하면서 첫 1년간 쉰 날은 설날 딱 하루였다.

대기업이 인수한 후 이런 비정상적인 근로 조건은 개선되어 다른 회사처럼 여름휴가도 주어지고, 공휴일에는 쉴 수 있었다. 하지만 이상하게도 나는 휴일에 쉬려고만 하면 몸이 아프고 몸살이 났다. 그래서 일부러 출근하면 몸이 정상으로 돌아와, 동료들은 내게 '일중독자'라는 별명을 붙여주기도 했다. 그 당시 피곤이 얼마나 쌓였던지, 지하철 역사 계단을 걸어 올라가며 잠들었던 기억도 난다.

나는 학생 운동을 할 때보다 더 열심히 직장 생활을 했다. 나는 학생 운동 때문에 남들처럼 직장 생활 준비를 하지 못했지만, 정직하고 성실하게 일하면 밥은 굶지 않으리란 희망과 믿음이 있었다. 사원이었을 때, 나의 또 다른 별명은 '과장 대우 사원'과 '불'이었다. 사람들은 내 옆에 있을 때 내가 뜨겁다고 했다. 그렇게 몸이 부서져라 일하며 다닌 컴퓨터 회사 시절에 아마도 내 몸은 상당히 나빠져 있었을 것이다. 그리고 그 후의 2년은 앞서 말한 것과 같다.

독일의 심리학자 에크하르트 륄러는 『완전히 소진한Ausgebrannt』이란 책에서 이런 소진 과정이 다섯 단계로 진행된다고 분석했다. '이상을 가지고 무조건 열심히 일하는 단계' '현실의 좋은 점과 나쁜 점을 알아가는 단계' '권태와 상실감이 느껴지는 단계' '좌절과 우울감에 빠지는 단계'를 거쳐, 마지막으로 '희망을 전혀 찾을 수 없는 단계'로 이어진다고 경고했다.

돌이켜보면 나는 아마도 륄러가 말한 4단계쯤에서 소음과 만났던 것 같다. 때문에 내게는 당시 그 소음이 몹시 끔찍이 느껴졌었다. 내가 살아오면서 접했던 그 어떤 자극보다 더 두렵게 다가왔다. 밖에서 아무리 힘든 일을 겪었어도 집에 돌아와 잠시 쉬고 잠을 자는 것이 내게 주어진 유일한 휴식이었다. 그런데 내가 쉬어야 할 바로 그 집에서 들리는 소음은 나를 거의 공포에 빠뜨렸다.

지금 세상은 신종 코로나 바이러스로 큰 고통을 겪고 있다. 건강한 사람은 이 바이러스에 걸려도 심한 몸살 정도를 앓은 후 대부분 회복된다. 하지만 정신적·육체적 스트레스에 지쳐 있을 때 감염된 바이러스는 그 사람의 생명을 위협하기도 한다. 내가 그 소음을 처음 접했을 때 나는 너무 힘들고 고통스러운 일들을 2년 넘게 겪고 난 후였다. 소음은 내게 단지 소음만이 아니었던 것이다.

그런데 이 소진이라는 말을 음미해보면, 이것은 고타마가 깨달음의 상태를 표현했던 '열반(니르바나)'과 같은 말임을 알 수 있다. 소진과 열반은 모두 '번뇌煩惱'의 끝을 가리키는 말이다. 활활 타오르던 불길이 번뇌라면, 이것이 거의 꺼져가는 상태가 소진이고 열반이다.

소진과 열반은 어떻게 다를까? 선禪을 중국에 정착시키는 데 크게 기여했던 혜능의 어록집인 『육조단경』에는 '번뇌가 곧 깨달음(열반)이니, 앞생각이 경계에 집착하면 번뇌고, 뒷생각이 경계를 버리면 깨달음이다'라는 유명한 말이 나온다. 1921년 12월 23일자 『동아일보』에는 『님의 침묵』의 저자이자 스님이었던 한용운이 옥중에서 출소한 직후 기자와 나누었던 대담이 실려 있다. 그는 '옥중에서 느낀 것은 고통(번뇌) 속에서 쾌락(열반)을 얻고, 지옥 속에서 천당을 구하라는 말이올시다'라고 술회하고 있다.

고금을 막론하고 번뇌와 열반은 밀접히 연관되어 있다는 것을 고타마의 제자들은 전하고 있었다. 그런데 왜 번뇌의 끝에서 누구에게는 소진의 절망이 남고, 누구에게는 열반의 평화가 오는가? 소진은 높은 이상을 품고 전력을 다해 현실과 맞서 싸운 사람에게 나타나는 증상이다. 그 싸움에 패배한 사람에게 어쩔 수 없이 찾아오는 대가다. 그렇다면 열반은 싸우지 않는 자의 결실인가? 그는 싸우지 않고 도망간 것인가? 그런데 사실 투쟁과 도피는 동전의 양면이 아닌가? 그는 도대체 무엇을 했기에 소진되지 않고, 열반의 휴식에 이를 수 있었는가?

소진은 억지로 '태운 것'이고 열반은 스스로 '탄 것'이다. 소진에는 견고한 아집이 남아 있고, 열반에는 그것이 없다. 나는 소진과 트라우마의 고통 속에서 오랜 시간을 헤맨 후에야 고타마가 아무것도 하지 않았다는 결론에 도달했다. 아니 무엇을 하기는 했을 것이다. 그러나 그 행위에 아집이 없다면, 그것은 무심하고 천진난만한 갓난아기의 상태와 비슷해진다. 이것은 노자가 말한 '아무것도 하지 않지만, 아무것도 하지 않는 것이 없다'고 말할 때의 '무위無爲'와 같은 것이리라.

고타마는 이것을 스물아홉에 깨닫는다. 나는 마흔아홉에야 간신히 이것의 실마리 하나를 잡을 수 있었다. 너무 늦은 것인가? 아직 겨우 단서 하나만 얻었는데 과연 내가 몸과 마음에 남은 이 무거운 재들을 다 떨어버릴 수 있을까? 알 수 없다. 분명한 것은 고타마가 인생에서 열반을 처음으로 체험하고 있을 때쯤, 나는 거의 소진되고 있었다는 것이다.

어쨌든 집은 우리의 마지막 피난처라는 것을 다시 한번 말하고 싶다. 밖에 나가서 어떤 힘든 일을 겪든, 결국 돌아와 쉬고 기운을 회복할 수 있는 공간은 집뿐이다. 바로 그 유일무이한 피난처인 집에서 휴식과 수면을 방해하는 소음이 이어진다면, 아무리 건강한 사람이라도 고통스러울 수밖에 없다. 그런데 정신적·육체적 스트레스로 짓눌려 있는 사람에게 그런 고통이 다가온다면, 그 고통은 당사자의 생존을 위협하는 치명적인 상처로 남는다.

1999년에 「허준」이라는 TV 드라마가 있었고 그 드라마의 OST

「불인별곡不忍別曲」은 내 귀에도 가끔 들려왔다.

'불인'이라는 맹자의 말을 썼기 때문에 나는 이 곡을 만든 사람이 중년 이상의 남자일 거라고 무심코 생각했다. 그런데 20대 여성이 만들었다는 것을 알고 놀랐다. 그녀가 지은 노랫말은 가슴에 와 맺혔다. 나는 정말 돌아갈 곳이 없었다.

> 가지 못하네. 돌아갈 데가 없어.
> 살아 헤질 이 맘은 가없이 떠도네.
> 살아서 우네. 갈 곳을 잃었구나.
> 죽어도 못 맺을 이 몸은 천공을 헤매리.

# 3.

# 우리는
# 모두 다르다

사람은 모두 다 독특하다. 비슷할 수는 있으나 자기만의 특성이 있고, 타인과는 고유하게 다른 점이 있다. 『평균의 종말』에서 토드 로즈는 각 개인의 차이를 존중하는 것이 얼마나 중요한가에 대한 의미 있는 실례를 여럿 소개한다. 책 첫머리에 미 공군의 얘기가 나온다.

1940년 미 공군은 심각한 고민에 빠졌다. 특별한 원인도 없이 전투기 조종 사고가 계속 터졌기 때문이다. 당시에 길버트 대니얼스 중위는 조종사들의 팔다리 길이를 재서 평균 수치를 도출하고, '평균적인 조종석'을 설계하는 업무를 맡고 있었다. 그런데 '평균적인 신체 치수'와 비슷한 사람이 아무도 없다는 사실을 발견한다. 그는 이 사실에 근거해 건의를 했고, 미 공군은 '개인 맞춤형'이라는 새로운 기조를 채택한다. 그 후 사고는 줄어들었다.

이 책에는 신경과학자 마이클 밀러가 '기능성 자기공명장치fMRI'를 이용해 기억이 발생할 때의 뇌신경 패턴을 연구한 실험도 소개되고 있다. 이를 통해 '각 개인의 기억 시스템이 저마다 독특한 신경 패턴으로 이뤄져 있으며, 그 차이가 미묘한 것이 아니라 매우 크다'는 과학적 결론을 소개하고 있다. 이 말은 사람들이 똑같은 사건을 매우 다르게 기억한다는 뜻이다.

누군가는 사건의 지적인 측면을, 누군가는 정서적인 측면을, 누군가는 감각적인 측면을 더 잘 기억한다. 누군가는 이 중 하나만을, 누군가는 이 모두를 기억한다. 누군가는 사건을, 누군가는 사건의 의미까지 기억한다. 따라서 이러한 실험 결과는 왜 똑같은 사건이 누군가에게는 평범한 기억으로 남는 반면, 누군가에게는 트라우마가 되는지를 설명하는 뇌과학의 근거가 된다.

천성적인 것인지 아니면 유년기의 어떤 사건들로 인해 그렇게 된 것인지는 모르겠으나, 내 몸은 어려서부터 정신적인 스트레스에 격렬한 반응을 보이곤 했다. 물론 몸과 마음이 서로 밀접히 연결되어 있다는 것을 모르는 사람은 없다. 문제는 저마다 그 '정도'가 매우 다르다는 것이다.

2003년 나는 천안의 한 신문사에서 직장 생활을 하고 있었다. 이때는 이미 공동주택의 소음으로 지쳐가고 있던 시기였다. 그런데 어느 때인가 월요일부터 금요일까지 5일 동안 아주 평온한 나날을 보낸 적이 있다. 당시 살고 있던 원룸 건물에서도 소음이 거의 들리지 않았고, 직장에서의 스트레스도 없었다.

이때 나는 퇴근 후 수영장에서 수영을 했고, 매일 체중을 쟀다. 요리를 하기 귀찮아 거의 맨밥에 김치만 먹던 때였는데도 하루에 1킬로그램씩, 5일 동안 정확히 5킬로그램의 체중이 늘었다. 그러다 토요일에 직장에서 정신적으로 아주 힘든 일을 겪었다. 너무 힘들어서 그날은 집에만 있었고, 이튿날 수영장에 가서 다시 체중을 재보았다.

놀랍게도 이틀 만에 6킬로그램이 빠져 있었다.

군대에서 있었던 일이다. 상병 무렵 중대장과 함께 차를 타고 꽤 먼 거리를 이동한 적이 있다. 차를 타본 게 아주 오랜만이라 차멀미가 나기 시작했다. 일개 사병이 자신이 모시고 있는 중대장 앞에서 차멀미를 하다 토를 할 수는 없어, 나는 이를 악물고 참기 시작했다. 얼마나 고통스러웠는지 모른다. 부대로 돌아왔을 때, 화장실에서 나와 마주친 친숙한 병사 하나가 흠칫 놀라는 표정을 지었다. '누구시죠?'라는 표정이었다. 거울을 들여다보는 순간 나도 깜짝 놀라고 말았다. 거울에 비친 나는 처음 보는 사람이었다. 얼굴이 완전히 변해 있었다. 정신적인 긴장에 내 몸이 놀랍도록 즉각적인 반응을 보인다는 것을 알고는 있었지만 그 정도인 줄은 몰랐다.

이런 나였기에, 2000년 중반부터 소음에 시달리면서 내 몸은 그야말로 초토화되기 시작했다. 나는 육체적으로 아무리 힘들어도 며칠 잠만 푹 자면 몸이 바로 회복되는 사람이었다. 그래서 학생 운동 시절이나 사회 초년생 때 열악했던 생활 조건을 견딜 수 있었다.

너는 잘 모를 것이다. 내가 학생 운동을 할 때 어떻게 살았는지. 1989년 12월, 나는 단과대학 부학생회장이 되었다. 그런데 학생회장이었던 선배가 갑자기 구속되는 바람에 그 뒷감당을 하느라 나는 집에 들어가기도 힘들었다. 1년 후 내가 총학생회장 선거에 출마하여 낙선한 후, 1991년 초 나 역시 구속되었다. 그때 나를 잡기 위해 반년 넘게 집 주위에서 잠복했다던 형사들이 내게 한 말이 있었다.

## 제발 집에 좀 들어와라!

기억해보면 나는 14개월이 넘는 기간 동안 집에 채 한 달도 들어가지 못했다. 잠은 학생회실이나 동아리방 탁자 위에서 잤으며, 학생식당의 밥이나 라면으로 때우며 지냈다. 어느 해 겨울 추운 동아리방에서 혼자 자고 일어나 아침을 먹으러 학교 정문으로 걸어갔던 적이 있다. 그때까지 사람이 한 명도 보이지 않는 이상한 체험을 했던 기억이 난다. 나는 그때 내가 꿈을 꾸고 있는 것이라고 생각했지만, 그날은 바로 학력고사 시험이 있는 날이었다. 나는 그만큼 바쁘게 살았던 것이다.

그래도 그때 나는 건강했다. 물론 20대 초반이 인생에서 몸이 가장 좋은 때이기도 하지만, 그렇게 풍찬노숙을 하면서도 건강할 수 있었던 것은 무엇보다 정신적으로 풍요로웠기 때문이다. 적어도 그때는 아직 인간에 대한 믿음을 버리지 않고 있었다.

그랬던 내가 정말 한순간에 무너져 내릴 뻔한 적이 있었다. 체포되기 전날, 나는 본격적으로 시작되는 수배 생활을 예감하고, 마지막으로 어머니 얼굴이라도 보고 가야겠다는 심정으로 집에 들렀다. 새벽 2시쯤 들어가서 인사만 하고 나올 생각이었으나, 어머니는 내 바짓가랑이를 붙잡고 떠나지 못하게 말리셨다.

간신히 뿌리치고 집을 나왔을 때는 아직 해도 뜨지 않은 푸르스

름한 새벽이었다. 바로 그때 집 앞 횡단보도에서 잠복 중이던 두 명의 형사에게 체포되고 말았다. 나를 배웅하러 나왔던 여동생의 겁에 질린 눈을 뒤로하고, 나는 수갑이 채워진 채 종로경찰서로 이송되었다. 이튿날 구속영장을 받아보고 나서야 그날이 내 생일인 것을 알았다.

물론 이때도 나는 무너지지 않았다. 구치소에서 재판을 기다리는 동안 나는 오랜만에 편하게 자고 넉넉하게 먹을 수 있었다. 면회 오는 가족이나 친구들을 볼 때마다 오히려 그들이 더 힘들어하는 것 같아 미안하기도 했다. 당시에는 정권이 추진한 '범죄와의 전쟁'으로 구치소에 잡범은 물론이고 시국 사범들까지 넘쳐나던 때여서 외롭지 않았다. 돌아보면 내 20대의 유일한 휴식 시간은 구치소에서 주어졌다.

아마도 수용할 감옥이 모자란 탓도 있었을 것이나, 어쨌든 나는 집행유예로 석방되었다. 가족은 물론 학생 운동을 지도했던 선배들조차 내가 다시 운동권으로 돌아가리라는 생각은 하지 못했을 것이다. 그런 일을 겪고 나면 대부분 군대를 가는 것이 관례이기도 했다. 그러나 나는 다시 돌아가고 싶었다. 지금 생각해보면 잠시 쉬면서 스스로를 돌아보는 시간을 가져도 좋았을 텐데, 어리석은 나는 감옥에서의 휴식으로 충분하다고 생각했다. 가족 몰래 짐을 쌌다.

우연이었을까? 형이 어떻게 알았는지 내 앞길을 막아섰다. 일부러 집에 아무도 없는 날을 택했는데, 갑자기 나타난 형은 가방을 들고 나서는 나를 말없이 술집으로 데리고 갔다. 형은 울면서 호소했다. 이미 어머니의 눈물과 손길을 한 번 뿌리쳤던 나지만, 마음이 흔들리지 않을 수 없었다. 아마도 그때 나는 맹자가 말했던 '불인인지심不忍人之心'

을 느꼈던 것인지도 모르겠다. 차마, 정말 차마 어찌할 수가 없었다.

다시 집으로 돌아온 나는 샤워실에서 물을 틀어놓고 한동안 멍하니 서 있었다. 마음속에 남은 마지막 한 점의 미련을 지웠을 때, 누가 거대한 쇠망치로 내 가슴 한복판을 내려치는 것 같은 충격을 받았다. 바닥에 쓰러진 나는 한동안 실어증 증세를 보였고, 며칠 동안 물조차 삼키지 못했다. 걷기도 힘들어 가까운 병원을 겨우 찾아갔을 때 나를 진찰했던 의사의 말과 표정이 아직도 기억난다.

스물두 살의 나이에 몸이 어찌 이렇게 될 수 있단 말인가?

나는 휘어지지 못하고 부러지는 사람이었다. 타협하지 못하고 타버리는 사람이었다. 돌아가지 못하고 절벽에서 떨어지는 사람이었다. 죽어 있는 삶이 아니라 살아 있는 죽음에 끌린 사람이었다.

정신적인 문제에 누구나 몸이 부정적으로 반응하지만, 나는 그 정도가 다른 사람들보다 더 심하고, 깊고, 빠른 사람이었다. 이런 경향을 가진 사람들은 살아남기 위해 어렸을 때부터 현실에 적응하는 방법을 찾게 된다.

돌아보면 내 경우는 '화'를 내지 않는 것이 그 방법이었다. 내가 살면서 처음 제대로 화를 내본 것은 1988년 겨울, 그러니까 내가 막 학생 운동을 하기로 결심했을 때다. 학생 운동은 사실 내가 세상에 대해 쌓아왔던 분노를 한껏 쏟아낸 수단이었는지도 모른다. 그때까지 나는 내 감정을 억누르는 수준이 아니라, 아예 감정을 잘 느끼지 못하는 수준으로까지 통제하고 있었다.

스위스의 정신과 의사이자 심리학자인 앨리스 밀러는 『천재가 될 수밖에 없는 아이들의 드라마』에서 유년기에 겪었던 심리 문제가 사람들에게 놀라운 재능을 주는 사례들을 소개한다. 보통 사람들에게는 천재로 비칠 만큼의 특별한 능력이 사실은 마음의 상처를 감추기 위한 방어기제인 경우가 많았던 것이다.

어쨌든 닭과 달걀의 관계일지도 모른다. 성인이 될 때까지 극단적으로 감정을 통제했기 때문에 정신적인 스트레스에 몸이 그렇게 민감하게 반응하는 사람이 됐을 수도 있고, 또 거꾸로일 수도 있다.

그런데 2000년부터 겪기 시작한 소음으로 인한 스트레스는 내가 그 전에 경험한 스트레스와는 전혀 차원이 다른 것이었다. 지치거나 병들면, 내가 돌아와 쉬면서 그 스트레스를 풀고 몸을 회복해야 하는 바로 그 공간에서 오히려 극심한 스트레스를 받고 있었기 때문이다.

나는 실어증까지 나타나고 물도 못 넘길 정도로 심신이 망가졌을 때에도 비록 1년 넘는 시간이 걸리긴 했지만 스스로 회복할 수 있었다. 적어도 그때는 내가 사는 집에서 휴식과 수면을 방해받지는 않았다. 그러나 소음에 시달리면서 나는 지옥을 경험해야 했다.

내 문제를 '다른 것'의 문제가 아닌, 단지 '예민함'이나 혹은 '연약함'으로 보려는 시각이 있다는 것을 잘 안다. 그러나 예민한 것이 당사자에게는 큰 고통이지만 공동체에는 축복인 경우가 많다는 사실을,

대부분의 사람은 제대로 활용하지 못한다. 이것은 비극이다.

영어에는 '탄광 속의 카나리아Canary in a Coal Mine'라는 관용구가 있다. 공기 오염에 아주 민감했던 카나리아를 막장에 내려가는 광부들은 새장 속에 넣어 데려갔다. 카나리아가 괴로워하면 그들은 하던 일을 멈추고 즉시 지상으로 올라왔다. 소설 『25시』의 작가 콘스탄틴 게오르규는 자신의 잠수함 근무 경험을 바탕으로 '잠수함 속의 토끼'라는 용어를 만들어냈다. 20세기 중반만 해도 미 해군에서는 토끼를 카나리아처럼 활용했다. 여기서 중요한 것은 카나리아와 토끼의 고통이다. 그 연약하고 예민한 것들의 고통은 곧 우리 모두의 고통이 임박했음을 알리는 매우 소중한 메시지인 것이다.

『노자』에는 인류 문명의 지혜를 응축한 짧은 경구가 많은데, 그중 하나를 소개하고 싶다.

> 돌아가는 것이 도의 움직임이며, 연약한 것이 도의 쓰임이다反者道之動, 弱者道之用.

연약한 것은 예민한 것이다. 연약하면 살아남기 위해 예민해질 수밖에 없다. 그런데 이 연약하고 예민한 것들을 무시하면 우리는 삶의 큰 이치를 놓칠 수 있다. 어린이, 병자, 노인, 임신부, 빈자, 장애인 등 예민하고 연약한 이들을 중심으로 돌아가는 사회는 건강하다고 생각한다. 그러나 그들을 외면하고 소외시키는 사회는 반드시 병들며, 그리 오래가지 못할 거라고 본다.

미국인으로서 동양학을 전공한 샘 크레인은 태어난 지 9일 만에 보지도 말하지도 못하게 된 아들 에이단을 앞에 두고 『주역』 『노자』 『장자』를 다시 읽으며 자신의 내면을 들여다본다. 그는 어찌 보면 세상에서 가장 연약하고 쓸모없어 보이는 자기 아들을 통해 오히려 삶의 지혜를 확인한다. 그리고 아내와 함께 최선을 다해 아들을 돌보며 『쓸모없는 것의 가치』를 썼다. 일견 연약하고 가치 없어 보일지라도 그것은 우리에게 전혀 다른 차원의 의의를 줄 수 있다.

2008년 인천에서 기간제 교사로 일할 때 사람들로부터 '별종' 취급을 받던 아이가 있었다. 나는 그 아이를 보자마자 그가 '투렛Tourette 증후군' 증상을 보인다는 것을 알아차렸다. 이들은 자신의 의지와는 무관하게 어떤 괴상한 소리를 내거나 반복적인 몸동작을 한다. 하지만 올리버 색스의 『아내를 모자로 착각한 남자』에 등장하는 레이는 자신의 억제하기 힘든 투렛 증상을 오히려 드럼 연주에 활용해 사람들로부터 갈채를 받는다. 이처럼 장애는 그것을 장애라고 규정할 때만 장애가 된다.

또래 친구들이 이 아이를 다르게 취급하는 것은 어느 정도 이해되었지만 교사들조차 아이를 이해 못하는 현실은 암담했다. 나는 교사와 학생들에게 그 병에 대해 설명해주고, 아이의 잠재력을 끄집어낼 수 있도록 돕자고 말했다. 그럼에도 그들은 그 아이가 같은 몸동작을 반복하는 것처럼, 자신들이 가진 기존의 태도를 반복하기만 했다.

생물학자이면서 철학자인 마투라나와 바렐라는 『앎의 나무』에서

'큰 실패를 겪거나, 전혀 다른 환경에 놓이거나, 처음 해보는 일을 할 때, 다시 말해 자신과는 다른 것들과 상호작용할 때 새로운 앎을 갖게 될 수 있다'고 말했다. 그들은 '앎이란 무엇인가'에 대해 물으며, '안다는 것은 곧 나와 다른 것과의 반응이다'라고 했다. 다시 말해 타인의 특성과 질병 그리고 곤란에 대해 열린 태도와 관심을 갖지 않는다면, 우리는 단지 타인을 알지 못하게 되는 것만이 아니라, 아예 인간을 알지 못하게 된다.

하지만 다른 것만 강조하고 틀린 것을 외면한다면, 이 또한 극단이 될 것이다. 최인훈이 쓴 『광장』은 한국전쟁 당시 남과 북 어디에도 속하지 못하고 제3국행을 택했던 전쟁포로 명준에 대한 이야기다. '다르다'는 것을 인정해도, 여전히 '맞고 틀림' 혹은 '옳고 그름'의 문제가 남는다. 이것은 정밀한 사유와 철저한 근거를 필요로 하는 작업이다. 이렇게 긴 시간이 걸릴 수도 있는 작업의 결론을 내리기 전까지, 우리는 아무것도 하지 말아야 하는 걸까? 명준은 결국 중립국으로 가는 배 타고르호에서 푸른 광장의 환영을 보다가 바다로 뛰어들고 만다.

여기서 '공감'이 등장한다. 티베트의 정신적 지도자 달라이 라마는 1989년 노벨상 수상 소감에서 모든 것을 머리로만 해결하려는 사람들에게 '우리에게는 평화와 공감의 능력이 있다'고 말했다. 『탈무드』에는 그 유명한 솔로몬의 판결이 나온다. 한 아이를 놓고 자기가 엄마라며 두 여인이 싸우고 있을 때, 솔로몬은 아이를 칼로 잘라 반으로 가르라고 명한다. 누가 아이의 고통 대신 자신의 고통을 선택했을까?

이것이 바로 공감이다.

칸트는 『순수이성비판』에서 우리에게는 태어나기 전에 이미 주어지는, 어떤 앎의 틀이 있다고 했다. 그는 이것을 '카테고리(범주)'라고 불렀다. 우리 밖의 것들에 대해 아무리 많이 알아도, 내면에 있는 이 앎의 틀을 모른다면 우리는 있는 그대로의 세상을 볼 수 없다. 만일 내장된 앎의 틀이 이기적인 포식자의 그것이라면, 우리는 세상을 약육강식과 적자생존의 관점에서만 보게 된다.

『노자』에는 '학문을 하는 자는 매일 무엇을 더하고, 길을 배우는 자는 매일 무엇을 덜어낸다爲學日益, 爲道日損'라는 말이 나온다.

나는 해질 무렵 한 그루에 여러 색의 꽃이 피는 분꽃의 고운 향을 맡아본 적이 있다. 이 작고 여린 분꽃은 우성 유전자가 유전을 주도한다는 '멘델의 유전법칙'을 비웃으며, 불완전우성 유전자에 의한 유전이 생명체에서는 더 흔하게 일어난다는 사실을 알려주어 과학자들을 놀라게 했다.

늦깎이 대학원생이 되었을 때, 나는 지칠 때마다 다산의 『하피첩霞帔帖』을 읽었다. 다산의 부인은 시집올 때 입었던 치마가 고운 노을빛으로 바래자 유배지에 있는 남편에게 보냈다. 다산은 그 치마에 자식들에게 남기고 싶은 말을 적어 책으로 만들고는 다시 부인에게 돌려보냈다. 우리는 보통 다산만을 기억하지만, 그는 세상을 떠나기 며칠 전, 고난 속에서도 자신을 지킬 수 있었던 것이 모두 부인의 은덕이라며 고마워하는 시를 남겼다. 우리의 상식 이면에는 이렇듯 약하고 잘 드러나지 않는 것들이, 강하고 두드러지는 것들을 오히려 품어 안고 간다는 자연과 인간사의 진실이 있다.

# 4.

# 탈출의 여정

「파피용」이란 영화를 우연히 다시 보았다. 파피용은 감옥에 갇히면 탈출하고, 다시 잡혀서 감옥에 갇히면 어떻게든 또 탈출하는 삶을 끝까지 멈추지 않는다. 지금까지 내가 본 영화 중 '끝까지 보기 힘든' 작품이었다. 내내 파피용과 내가 오버랩되는 환영에 시달렸기 때문이다. 나는 초등학생 시절 이 영화를 처음 보았다. 그 어린 날 이후로도 아직 기억 속에 선명하게 남아 있는 한 장면을 다시 보고 싶다는 바람이 아니었다면, 나는 결코 이 영화를 끝까지 보지 않았을 것이다.

공동주택에서 극심한 소음에 시달린다는 얘기를 들으면 사람들은 대부분 '이사 가는 것밖에는 방법이 없다'는 반응을 보인다. 매우 현실적인 결론이다. 나도 당연히 소음이 없는 집으로의 이사를 끊임없이 시도했다.

지난 20년 동안 나는 몇 번이나 이사를 했을까? 다섯 번? 열 번? 나는 소음으로 인해 고통받기 시작한 2000년 이후 이 글을 쓰고 있는 지금까지 총 '39번'의 이사를 해야 했다. 이 중 지난 7년간 '34번'의 이사를 했다. 즉 7년간 '매년 4.9회'의 이사를 했던 것이다. 보통 집을 옮기면서 이직까지 할 때의 스트레스가 이혼할 때의 스트레스와 비슷하다는 연구 결과를 어디선가 본 적이 있다. 내 이사에는 '이직'이 거의 맞물려 있었다. 나는 대학 졸업 후 4대 보험이 되는 직장은 '23곳', 공사장 막노동이나 떡볶이 포장마차, 학원 강사, 대필 작가와 같은 일까지 합하면 모두 '33곳'의 직장을 다녔다.

나는 신약성서 「마태복음」에 나오는 예수의 말을 한 번도 의심해 본 적이 없었다. '구하라. 그러면 얻을 것이다.' 이 글을 쓰고 있는 지금까지도 나는 얻지 못했다. 그러나 아직 포기하지도 않았다.

들뢰즈와 가타리가 쓴 『천 개의 고원』에 나오는 '노마드nomade', 즉 '유목민'이라는 말이 국내 이동통신사의 한 광고에서 '자유로운 삶'의 의미로 사용된 적이 있다. 그래서 한때 젊은이들 사이에서는 유목민처럼 사는 것이 유행하기도 했다. 웃기는 일이다! 정작 그 책에서는 이 말이 그런 의미로 사용되지 않았을뿐더러 실제 유목민들은 일정한 곳들을 '순회'할 뿐, 완전히 새로운 곳으로 이사를 가는 경우는 거의 없기 때문이다. 삶의 터전을 계속 옮기며 살아야 하는 것은 '유목'이 아니라 '유랑'일 뿐이며 몹시 힘든 일이다.

에드거 스노는 『중국의 붉은 별』에서 마오쩌둥과 중국 공산당이 국민당군의 추격을 피해 중국 전역을 떠돈 '대장정'의 이야기를 당사자들과의 인터뷰를 통해 자세히 소개하고 있다. 하지만 그것이 결국 성공했기 때문에 역사에 남을 기록이 되었던 것이지, 그 전까지 그들의 여행은 파피용처럼 그저 살기 위해 목숨 걸고 감행한 탈출일 뿐이었다.

39번의 이사라고 할 때의 기준은 내 짐을 완전히 다 옮겼을 때만을 말하는 것이다. 옷가지 정도만 챙겨 잠시 거처를 옮긴 것은 계산에 넣지도 않았다. 이렇게 수도 없이 탈출을 감행해보았지만, 나는 지난 20년 동안 소음에서 벗어날 수 없었다. 시인 서정춘은 「竹篇.1-여행」에서 '칸칸마다 밤이 깊은 푸른 기차를 타고' 가도 '대꽃이 피는 마을까지 백 년이 걸린다'고 했다. 20년은 아직 너무 이른 것인가.

칸트를 연구했던 박선목 교수는 『저승길을 물어서 간다』에서 칸트뿐 아니라 유럽의 철학자들이 어떻게 공동주택의 소음으로부터 고통받았는지 소개하고 있다. 칸트는 평생 소음을 피해 이사를 다녔다. 59세에 마지막으로 이사 갔던 곳, 쾨니히스베르크에서도 집 근처 교도소의 죄수들이 부르는 찬송가에 시달렸다. 견디다 못해 시청에 민원을 제기했고, 명망 있는 철학자의 민원에 시청 간부들이 모여 심각한 회의를 벌였던 적도 있다. 니체는 소음을 피해 스위스와 이탈리아로 요양을 떠났고, 쇼펜하우어는 옆집에서 들리는 소음에 괴로워하다 그것에 대한 논문을 쓰기도 했다. '나는 생각한다. 고로 존재한다'로 유명한 데카르트는 소음을 피해 평생 18번을 이사했다.

이쯤 되면 생각이 많은 철학자라서 소음에 고통을 받은 것인지, 아니면 소음에 고통을 받아서 생각이 많은 철학자가 된 것인지 애매할 정도다. 어쨌든 이런 일화들은 공동주택의 소음 문제가 결코 특정인의 문제만이 아니라는 것을 말해준다. 그러나 그들은 모두 저명한 인물이었고, 나름 회피의 수단과 능력이 있었다. 아마도 나처럼 심각한 트라우마를 겪지는 않았던 것 같다.

아파트에서 처음 층간소음 때문에 고통받았을 때는 단순히 '꼭대기 층'으로만 이사를 가면 그 고통에서 벗어날 수 있을 거라고 생각했다. 당연히 그동안 이사를 할 때 나는 항상 '꼭대기 층, 끝 방'을 찾았다. 그러나 2003년 천안으로 이사했을 때부터 공동주택의 소음은 꼭대기 층, 끝 방에 산다고 결코 해결되는 것이 아님을 고통스럽게 배웠다.

공동주택의 소음은 '운運'의 문제, 그러니까 '주위에 어떤 사람들이 살고 있느냐' 하는, 도저히 내가 어떻게 해볼 수 없는 문제였다. 아파트의 중간층, 중간 집에 살아도 주위 사람들이 소음을 크게 내지 않으면 그럭저럭 별문제 없이 살 수 있다. 그러나 꼭대기 층, 끝 집에 자리 잡아도 아래층이나 옆집에 끊임없이 소음을 내는 사람들이 살면, 층이나 위치는 그야말로 무용지물이 되어버리고 만다.

로버트 프로스트는 「담장 고치기Mending Wall」란 시에서 '담장이 튼튼해야 좋은 이웃이지요'라고 말하며, 시간이 지나면서 무너지는 이웃과의 담장을 계속 수선했다. 우리는 흔히 이웃 사이에 벽을 허물자고 가볍게 말하면서, 단단하고 튼튼한 벽이 있어야 오히려 좋은 이웃이 될 수 있다는 무거운 진실을 곧잘 잊어버린다.

내가 미친 사람처럼 그토록 이사를 다녔지만, 왜 내 주위에는 항상 '독특한' 사람들만 사는지 그 이유를 알 수 없어 너무나 고통스러웠다. 내가 39번이나 이사하면서 단 한 번도 '9 to 6'의 생활 리듬을 가진 사람을 이웃으로 만나지 못했다면, 믿을 수 있겠는가? 잠이라도 푹 잘 수 있는 환경에 놓였다면 나는 지난 20년 동안 어떻게든 소음에 적응할 수 있었을 것이다.

그러나 내가 잠을 자야 할 때가 되면 내 이웃들은 기다렸다는 듯이 소음을 내기 시작했다. 쿵쿵거리며 돌아다니든, 심야에 가구를 옮기거나 세탁기를 돌리든, 음악을 크게 틀어놓든, 새벽에 술판을 벌이거나 벽에 못을 박든, 큰 소리로 전화 통화를 하든, 노래방 기계로 노래를 부르든, 하다못해 개가 짖든. 정말 내가 상상도 못 했던 방식으로 사람들은 소음을 만들어냈다.

아무리 이사해도 내게는 소음 문제가 일관되게 일어났기 때문에 나는 나와 사람들의 '의식의 너머' '의식의 아래'를 의심해보지 않을 수 없었다. 무척 고통스러웠지만, 이런 현상을 내 불운의 문제로만 보기에는 석연치 않은 점이 있었다. 나는 다른 해석을 찾아보기 시작했다.

심리학자이자 상담사였던 카를 융은 어떤 일에 원인과 결과가 있는 세계, 즉 '인과율因果律'에 우리가 너무 익숙해져 있어 특별한 원인 없이 여러 사건이 동시에 일어나는 '상응률相應律'이 잘 이해되지 않는다고 말했다. 그는 다소 신비스럽게 보이는 이런 삶의 현상들에 대해 숙고한 끝에, 여든이 다 되어 「동시성: 비인과적인 연결 원리 Synchronicity: An Acausal Connecting Principle」라는 논문을 발표했다.

이순신의 조카 이분이 쓴 『이충무공행록』에는 장군의 꿈에 나타난 귀신들이 자신들은 제삿밥을 먹을 수 없다고 호소하자, 장군이 제문을 확인해보고 물에 빠져 죽은 이들의 이름이 빠져 있음을 확인하는 장면이 나온다. 동시성이란 개념은 이렇게 과거와 미래까지 포함하는 것이지만, 내가 20년간 겪어온 소음과 관련해서 설명하자면 다음과 같다.

인과율의 원리, 쉽게 말해 과학적인 세계관에서는 내가 공동주택의 소음에 고통받는 것은 어떤 외부 원인에 의한 결과다. 따라서 그 문제를 해결하려면 그것이 무엇이 되었든 밖에서 원인을 찾아 이를 제거해야 한다. 그런데 상응률, 즉 동시성의 원리에서는 나의 밖에서 일어나는 소음이, 나의 내면에서 일어나는 소음과 동시에 일어나는 어떤 상징적인 현상이 될 수도 있다.

왜 그런 일이 일어나는지 해명은 불가능하다. 그저 동시에 일어나며, 내가 만일 이런 현상을 동시성의 원리로 해석한다면, 내면을 고요하게 하고 비우는 것으로 대처하는 것이 더 현명한 자세가 된다. 서정춘은 「竹篇.2-공법」에서 '하늘은 텅 빈 노다지로구나' 탄식하며, '허허실실 올라가봐, 노다지도 문제없어'라고 말했다. 대나무가 하늘 높이 오를 수 있는 힘은, 채우는 것이 아니라 비우는 데 있는 것처럼 나 역시 나를 비워내야 내 삶의 문제에서 벗어날 수 있을지 모른다고 해석했다.

일종의 신비주의 심리학으로 비칠 수도 있겠지만, 융의 동료인 심리학자 폰 프란츠는 『인간과 상징』에서 융의 동시성 원리가 현대 과학, 특히 양자물리학에 의해 해명될 수 있다고 강조했다. 실제로 1935

년, 아인슈타인은 물리학자인 포돌스키, 로젠과 함께 그들의 이름을 따서 'EPR 사고 실험'이라 불린 유명한 실험을 한다. 말 그대로 머릿속에서 한 실험이었다. 아인슈타인은 블랙홀을 사고 실험을 통해 발견했다. 그들은 공간적으로 분리된 곳에 있는 '전자'들이 아무런 원인도 없이 서로 동시에 변하는 현상을 논리적으로 입증해냈고, 1982년 프랑스 물리학자 아스페의 세 번에 걸친 실제 실험에 의해 그 타당성이 입증되었다.

융은 동시성의 원리를 자신이 평생 연구했던 '무의식'이라는 틀에서 설명하려고 했지만, 무의식이라는 것 자체가 우리 언어와 의식으로는 명확히 밝혀낼 수 없는 영역이다. 따라서 내가 겪고 있는 소음 문제를 융의 관점으로 보게 되면, 나는 머리로 분석하고 추론하는 것보다 온몸으로 실천하는 것밖에는 다른 길이 없게 된다.

나는 융을 40대에 접어들 무렵부터 공부하기 시작했는데, 문제는 그 시점에 이미 내가 소음으로 인한 고통에 완전히 압도당하고 있었다는 것이다. 내면을 다스리기 위해 명상 등 여러 시도를 해보았지만, 그러한 시도를 할 수 있는 장소 역시 결국 소음으로 인해 내가 고통받고 있는 집밖에 없었다.

한번 소음에 고통받으면, 그 사람은 그 후 소음에 예민해질 수밖에 없다. 그런데 소음의 고통을 피해 아무리 이사를 해도 거기서 벗어나지 못하면, 이 사람은 시간이 지날수록 더 예민해진다. 악순환이 발생한다. 동시성의 원리에서 보면, 그 과정에서 내 내면은 더 시끄러웠던 것이고, 더 시끄러워지는 것이다. 나는 하덕규가 노래했듯 '내 속엔 내가 너무도 많아, 메마른 가지 서로 부대끼며 울어대는' 가시나무였던 것일까? 그래서 '쉴 곳을 찾아 날아온 어린 새들도 가시에 찔려 날아가버린' 것일까?

40대로 접어들면서 나는 공동주택밖에는 달리 갈 곳이 없는 서울이나 수도권을 벗어나 아예 시골로 가는 시도를 해보기도 했다. 꾸준히 귀농에 대한 정보를 모으고, 구체적인 실현 방법을 모색해보았다. 그러나 역시 문제는 '돈'이었다. 시골에서 최소한의 생활 여건을 갖춘 주택과 토지를 장만하기 위해서는 생각보다 많은 돈이 들었다. 시골 원주민들의 텃세는 상상을 초월하기도 했다. 그때쯤 심신이 망가질 대로 망가진 내가 아무런 연고도 없는 시골로 가서 혼자 새로운 모험을 하기에는 두려움이 컸다.

그러나 2015년에는 시골에서 살아보기도 했다. 경상북도가 운영하는 한 인문학 연구기관은 시골 마을에 있었다. 그곳에서 기간제 연구원을 모집한다는 공고를 우연히 보았다. 지원 조건은 되었지만, 당시 내 나이와 거주지, 또 오랜 경력 단절을 고려하면 채용을 기대하기는 어려웠다. 설사 합격을 하더라도 정말 내려갈 생각은 없었다. 당시 내 몸 상태는 최악이었다. 희망은 전혀 보이지 않았고, 나는 벼랑 끝에 서서 그저 원서나 넣어본 것이었다.

그런데 놀랍게도 합격 통보가 왔고, 나는 선택을 해야 했다. 당시 내 몸 상태를 고려할 때, 장거리 이사를 하고 풀타임의 직장 생활을 한다는 것은 '미친 짓'이었다. 내려가 살 곳도 내가 찾아야 했고, 심지어 합격 통보를 받았을 때쯤 내 머리에는 양성 종양이 생긴 상태였다. 치료제로 먹은 항생제의 부작용으로 장염까지 앓고 있었다. 만일 그곳이 한적한 시골 마을에 있다는 조건과 어머니의 꿈 이야기가 아니었다면 나는 결코 내려가지 않았을 것이다.

어머니는 내가 원서를 낸 직후 느닷없이 꿈 얘기를 꺼내셨다. 내가 누군가의 쇠파이프에 맞아 죽는 꿈이었다. 옆구리에 머리통만 한 구멍이 뚫리고 피를 철철 흘리면서 바닥에 쓰러졌다고 한다. 어머니는 내가 죽었다고 확신했지만, 내가 꿈틀거리면서 다시 살아나는 것을 보았다고 했다.

꿈은 현실과 반대라는 평범한 사람들의 믿음을 한번 믿어보기로 하고 나로서는 '목숨을 건 모험'을 해보았다. 그러나 결과는 정말 어머니의 꿈과 똑같이 되었다. 죽지는 않았으나, 나는 내려갈 때보다 더 병든 몸이 되어 다섯 달 만에 서울로 돌아올 수밖에 없었다. 융은 바로 이런 꿈을 '동시성'의 사례로 들었었다.

안동에서는 몸이 정말 부서지기 직전까지 갔다. 내가 살았던 마을에서 그리 멀지 않은 곳에 이육사의 묘가 있었다. 그는 시인이었으며, 만주에서 직접 총을 들고 독립을 위해 싸웠다. 중요한 것은 시가 아니라 시인의 삶이라는 것을 나는 그에게서 배웠다. 참배하고 싶었으나, 묘지는 차가 다니는 길에서 잡초가 무성한 오솔길을 걸어 30분 정도 더 들어가야 하는 곳에 있었다. 나는 겨우 왕복 한 시간을 걸을 힘이 없어, 그 오솔길 앞에서 쓸쓸히 발걸음을 돌려야 했다.

내게 걷는 것은 단지 걷는 것 이상의 의미가 있었다. 나는 '예비 사단'이라는 곳에서 보병으로 복무했다. 최전방 철책에서 경계 근무를 하지 않는 대신, 1년 내내 걸어다니며 훈련을 했다. 하루에 21시간을 연속해서 걷기도 했다. 고참들은 '지구 한 바퀴는 걸어야 제대를 할 수 있다'는 농담을 하기도 했다. 그렇게 오래 걸으면서, 나는 어떤 고통의 순간이 지나면 정신이 오히려 맑아진다는 것을 알아차리게 되었다. 중학교 체육 시간에 배웠던 '사점死點'을 나는 걸으면서 체험했다.

『노르웨이의 숲』에서 삶의 어처구니없음을 다룬 무라카미 하루키나, 이혼과 비만의 시련을 이겨낸 독일 외무장관 요슈카 피셔가 마라톤을 자신들의 명상으로 받아들였던 것처럼, 제대 후의 나에게는 걷기가 그러한 것이었다. 트라우마로 다리가 망가지기 전까지 나는 걷고 또 걸었다. 그래서 제대로 걷지 못하게 되었을 때 단순한 몸의 불편함이 아니라, 소중한 벗을 잃어버린 것 같은 상실감이 더 큰 고통으로 다가왔다.

20년 동안 나는 계속 공동주택의 소음을 피해 거의 모든 형태의 주택에서 살아보았다. 아파트, 원룸, 다세대주택, 연립주택, 철거 직전의 달동네 주택, 옥탑방, 시골집, 셰어 하우스, 고시원, 여관방……. 2018년 봄에는 당시 내가 다니고 있던 직장의 '사무실'에서 살아보기도 했다.

나는 밤 10시까지 사무실 주위를 배회하다 야근을 하는 사람들이 퇴근하면 사무실로 들어와 바닥에 이불을 펴고 잠을 잤다. 이튿날 사람들이 출근하기 전까지 내가 잔 흔적을 완전히 없애고, 또 일을 하고 다시 밤늦게 사무실로 돌아와 잠을 자는 생활을 두 달 넘게 했다. 사무실에서는 소음의 고통이 없었지만, 사람들에게 들키면 나는 해고를 당할지도 몰랐다. 이렇게 해서라도 나는 살아보려고 정말 오랫동안 애를 썼다.

권투 선수들은 잘 알고 있는 것이 하나 있다. 강력한 펀치 한 방보다, 잽을 오랫동안 맞으면 회복이 훨씬 더 어렵다는 사실이다. 군사학에도 '저강도 전략Low Intensity Strategy'이라는 것이 있다. 주력 부대를 투입해 단기간에 승리를 거두지 않고 오히려 테러나 사회적 소요처럼 강도가 낮고 제한적인 피해를 오랫동안 입혀 자멸을 유도한다. 이럴 경우 전시와 평시의 구분이 모호해지고, 전방과 후방의 경계가 무너진다. 참으로 두려운 전략이 아닐 수 없다.

나는 지금 여기까지 글을 쓰고, 잠시 컵에 담긴 물을 한 모금 마셨다. 물을 마시기 위해 컵을 1분 정도 들고 있다고 문제가 될 것은 전혀 없다. 그러나 1시간이라면? 10시간이라면? 10일이라면? 이 정도면 고문에 해당된다. 그러나 10년을 넘어 20년이라면? 엥겔스의 『반듀링론』에는 '양질전환量質轉換의 법칙'이 나온다. 양이 어느 정도의 수준을 넘어가면, 그것은 새로운 질로 바뀐다.

일본 영화 「모노노케 히메」(원령공주)의 아시타카는 재앙 신에게 저주받은 자신의 운명을 받아들이고, 친구 같은 사슴 야크루를 탄 채 한밤중 길을 나서 먼 여행을 한다. 마침내 재앙 신의 저주를 풀어줄 생명의 신 '시시가미'가 사는 숲에 도착하지만, 사람들에 의해 숲이 파괴되는 것을 무기력하게 지켜보게 된다.

그러나 시시가미는 죽지 않고 대지의 무성한 풀로 다시 태어난다. 그는 '생명은 사라지지 않고, 다만 변할 뿐이다'라는 진실을 깨닫고 다시 자신의 길을 간다. 야쿠르도 원령공주도 만나지 못한 나였지만, 나 역시 그 길고 험난했던 여행길에서 하나의 진실은 발견할 수 있었다.

나는 단 몇 달을 살아도, 내가 사는 곳 주위를 아픈 다리를 끌고 구석구석 돌아다녔다. 다리의 통증도 걷는 습관을 완전히 없애지는 못했다. 그런데 걷다가 앉아서 쉴 만한 공원도, 그 흔한 벤치도 하나 없어 내가 많이 힘들어했던 동네가 있었다. 그 동네를 걷고 있던 어느 날, 나는 골목길에서 혼자 놀고 있는 개 한 마리와 만났다.

작고 까만 털이 났으며 왠지 눈이 슬퍼 보이는 개였다. 녀석은 내 주위를 자꾸 맴돌더니, 마치 자기를 따라오라고 눈짓하듯 나를 돌아보며 어디론가 가는 것이었다. 무심히 따라가보니 거짓말처럼 느티나무 한 그루를 가운데에 두고 벤치 네 개가 둘러싸고 있는, 작은 방 크기의 공원이 나타났다. 없는 게 아니라 내가 못 찾았던 것이다. 나는 큼직한 소시지 하나를 사서 녀석을 먹였다.

우연히 만난 개가 내게 가르쳐준 것은, 트라우마로부터 벗어날 길이 없는 게 아니라, 여전히 내가 못 찾고 있는 것일지도 모른다는 진실이었다. 이 일을 겪고 숙고의 시간을 가진 후 나는 아무리 힘들어도 여기서 멈출 수 없다는 것을, 아직 내 앞에 남은 길이 더 있을지 모른다는 것을 마음에 되새기게 되었다.

서정춘은 「竹篇.3-님」에서 바람에 잔뜩 휘어진 대나무를 보며 '바람을 잡아당기듯 虛心을 탄 나의 님, 반 동그란 활 모양의 神 모양이외다'라고 노래했다. 신이 정말 있다면 오히려 아주 가까운 곳에 있을지도 모른다.

영화의 마지막에서 백발이 된 파피용은 그 누구도 예상하지 못한 최후의 탈출을 감행한다. 그는 우글거리는 상어와 세찬 파도 때문에 간수도 필요 없는 천혜의 섬, '기아나'섬의 감옥으로 끌려간다. 거기서 결국 탈출을 포기한 친구 드가가 지켜보는 가운데, 그는 해안의 깎아지른 절벽 끝에서 검푸른 바다를 향해 뛰어내린다.

야자열매 몇 개를 엮어 만든 어설픈 뗏목에 자기 몸을 실은 그는, 수인囚人의 편안한 죽음 대신 자유인의 위태로운 삶을 선택한다. 파피용이 마치 한 마리 나비처럼 바다로 뛰어드는 이 마지막 장면이, 40여 년 전 이 영화를 처음 보았던 한 소년의 가슴에 지워지지 않는 기억으로 남은 바로 그 장면이었다. 파피용의 마지막 탈출 장면에 흐르던 「바람처럼 자유롭게Free as the wind」의 노랫말을 너에게도 들려주고 싶구나.

만약 우리가 삶을 사랑한다면
나비처럼 날 수 있는 기회가 있을 거예요.
그러나 그대! 주저앉아버린다면

나비의 퍼덕거림처럼 허무한 몸부림이 되고 말겠지요.

오! 내 마음 깊은 곳에는 아직도 어떤 목소리가 들립니다.

바라보세요, 그러면 보일 거예요!

바람처럼 자유롭게

저 바람처럼 자유롭게 당신은 그렇게 되어야 해요!

# 5.

# 불안

소음을 단순한 스트레스가 아닌 트라우마의 관점에서 보기 시작한 계기는 '불안'에 대한 자각이었다. 우리는 보통 두려움과 불안을 잘 구별하지 않는다. 그저 마주하기 싫어 피하려 하는, 같은 어둠으로 대한다. 두려움 혹은 공포fear or phobia와 불안anxiety의 차이에 대해 생각해본 적이 있는가?

두려움은 두려움을 유발하는 대상이나 조건이 가까이 있을 때는 견디기 힘든 고통을 주지만, 그것에서 벗어나는 순간 사라져버린다. 반면 불안은 두려움만큼 즉각적이고 폭발적인 고통을 주지는 않지만, 한번 발생하면 두려움의 요인이 내 가까이에 있건 없건 지속적으로 작용하는 성질이 있다. 불안은 그 불안에서 벗어나고 싶은 강렬하고 지속적인, 때로는 무의식적인 열망을 함께 포함한다. 물론 불안의 정도가 심해지면, 즉각적인 공포 반응이 함께 나타나기도 한다.

인도의 사상가 크리슈나무르티가 쓴 『두려움에 대하여』라는 책을 읽고 큰 충격에 빠졌던 적이 있었다. 그는 '사신의 두려움을 관찰하라'고 말했다. 두렵지만, 두려움은 관찰 가능한 것이기 때문에 그것을 있는 그대로 받아들일 때 사라진다는 것이다. 플라톤이 쓴 『파이돈』에는 자신의 스승인 소크라테스가 사약을 받고 죽어가는 모습을 묘사하는 장면이 있다. 소크라테스는 두려움에 질리기는커녕 호기심에 가득 찬 아이와 같이, 자신의 죽어가는 몸을 관찰하여 사람들에게 그 과정을 이야기해주고 있다.

두려움은 비유하자면 '비를 맞는 것'과 같다. 가랑비든 소나기든 아니면 태풍으로 인해 쏟아지는 폭우든 어쨌든 비를 피할 수 있다. 만일 피할 곳을 찾지 못해 온몸으로 비를 맞아야 한다 해도, 비는 오래지 않아 그친다. 노자는 '사나운 바람은 아침나절을 넘기지 않고, 미친 듯 내리는 비도 하루를 넘기지 않는다飄風不終朝, 驟雨不終日'고 했다.

하지만 불안은 '물에 빠져 있는 것'과 같다. 시냇물이든 강물이든 아니면 망망대해든, 몸이 이미 거기에 푹 잠겨 있어 쉽게 벗어나지 못한다. 어떻게든 거기서 빠져나오지 않으면 늘 젖어 있는 상태가 된다. 물이 목까지 차오르지 않으면 그럭저럭 살아갈 수 있겠지만, 어느 순간 자기도 모르게 숨이 막혀 침몰하기 십상이다.

유대인 색출에 광분한 독일군을 피해 오랫동안 은신처에 숨어 지냈던 어린 소녀 안네 프랑크는 『안네의 일기』에 이런 기록을 남겼다.

> 피신 생활을 아예 하지 않았던 편이 낫지 않았을까? 지금쯤 죽어서, 특히 더는 우리 보호자를 위험하게 하지 않았던 편이 낫지 않았을까? 하고 나는 거듭거듭 생각하고 있어. (…) 무슨 일이든지 일어났으면 좋겠어. 격전이라도. 이런 불안을 깨뜨려버렸으면! 종말이 아무리 괴로운 것이라도 어서 와주었으면! 그러면 적어도 승리인지 패배인지는 알게 되겠지.

안네는 불안이 차라리 죽는 것보다 더 견디기 힘들다는 것을 어린 나이지만 알고 있었다고 나는 생각한다. 고타마는 불안의 이러한 성질을 꿰뚫어보고 있었다. 『상윳타 니카야』 「거센 흐름을 건넘의 경」에서 그는 다음과 같이 말한다. 고타마의 이 비유에는 불안의 본질에 대한 통찰과 함께, 그 불안에서 어떻게 벗어날지에 대한 단서도 녹아 있다고 나는 생각한다.

> 벗이여! 나는 참으로 머무르지 않고, 애쓰지도 않고 거센 흐름을 건넜습니다. 벗이여! 내가 머무를 때에는 가라앉았으며, 애쓸 때에는 휘말려들었습니다. 그래서 나는 이처럼 머무르지 않고 애쓰지도 않으면서 거센 흐름을 건넜던 것입니다.

「불안은 영혼을 잠식한다」라는 독일 영화가 있다. 자우림도 같은 제목의 노래를 불렀다. 이 말은 소외되고 가난한 외국인 노동자 역할의 남자 주인공이 한 대사인데, 본래 아랍의 속담이었다. 자각하지 못할 정도의 낮은 수준이어도 그것이 오래 유지되면, 또 구조적이라면 불안은 당사자의 내면을 마치 벌레가 갉아먹듯 조금씩 파괴한다.

불안이 어떤 임계점을 넘어 직접적인 공포로 나가오지 않을 때까지 사람들은 자신에게 일어나는 여러 문제가 사실은 바닥에 깔려 있는 불안 때문이라는 것을 거의 인정하지 않는다. 나는 이 점이 불안이 가진 가장 치명적인 위험성이 아닐까 생각한다. 이런 사실을 나는 경험을 통해 알게 되었다. 사람들은 보통 자신의 선택과 행동이 전적으로 자신의 '의지'에 따른 것이라고 믿고 있다. 그러나 만일 불안이 잠재해 있는 상태라면 이때 불안이 미치는 영향력은 거의 주인과 노예 사이에서의 그것과 같다. 그런데도 당사자는 자신이 노예라는 것도, 자신에게 절대적인 주인이 있다는 것도 모르고 살게 된다. 마치 30대의 나처럼 말이다.

처음으로 소음 때문에 고통받기 시작했던 2000년 여름 이후, 내 왼쪽 옆구리에 통증이 나타났다. 이때만 해도 나는 이 통증을 완전히 고갈된 체력, 장시간의 운전으로 인해 나타난 '몸의 문제'로만 여겼다. 실제로 한동안 치료를 받은 후 어느 정도 사라지기도 했다. 또 이때는 소음으로 인한 고통을 처음 겪을 때여서, 꼭대기 층으로 이사를 가기만 하면 문제가 해결될 것으로 믿고 있었다. 즉 소음으로 인한 '두려움'은 있었지만, 아직 '불안'은 형성되지 않은 때였다.

그러나 2003년, 처음 꼭대기 층 집으로 이사했던 천안에서 공동주택의 소음이 갖는 그 악마적인 성질에 맞딱드린 후 나는 절망하지 않을 수 없었다. 그렇다면 도대체 나는 어디로 가야 한단 말인가? 돈이 해결책을 줄 수 있었지만 나에게는 요원한 것이었다.

지금 생각해보면 그때쯤 내게는 불안이 짙은 그림자를 드리우고 있었던 것이 분명하다. 그러나 나는 '내가 불안하다'는 사실을 알지 못했다. 아니 어쩌면 애써 부정하고 있었는지도 모른다. 구체적인 대안을 찾는 데 주력했다. 이 무렵 왼쪽 옆구리 통증이 재발했는데, 그

양상이 단순히 몸의 문제로만 여기기에는 너무 이상했다.

운전을 하거나 책을 읽기 위해 의자에 앉아 있으면 상당한 통증이 느껴졌으나, 걷거나 뛰면 통증은 거짓말처럼 사라졌다. 또 설사 운전을 하거나 책을 읽을 때에도 기분 좋은 상태면 통증이 없었다. 그러나 '먹고살아야 하니까'라는 이유로 앉아 있으면 통증은 견디기 힘들 정도로 악화되었다. 이 이상한 통증은 이후 몸 전체로 번져 17년이 지난 지금도 이어지고 있다.

이러한 통증의 양상은 현대 의학에서 보통 '신체화 장애somatization disorder'로 진단한다. 간단히 말해 '마음의 문제가 몸의 문제로' 나타나는 것이다. 문제는 이런 진단이 내려지면, 의사들은 치료를 포기하고 정신과로 넘겨버린다는 것이다.

플라톤의 『대화편』에서 소크라테스는 이미 2500년 전에 '그리스 의사들은 우리 정신이 신체와 완벽한 통일체라는 사실을 모릅니다. 신체를 치료할 때 의사들이 정신을 신체에서 분리하는 행태야말로 우리 시대의 크나큰 잘못입니다'라고 말했다. 밥그릇이 걸린 문제라 의사들 사이에서도 의견이 갈리지만, 어떤 의사들은 만성질환의 대부분이 사실상 신체화 장애라고 말하기도 한다.

나치가 자행한 홀로코스트의 생존자이며 내과 의사였던 게이버 메이트는 『몸이 아니라고 말할 때』에서 '현대 의학은 어떤 면에서 보나 원인과 결과라는 단순주의적인 관점을 채택해왔다'고 지적한다. 그래서 '현대 의학은 명백한 외부 발병 요인이 발견되지 않으면(대부분의 중증 질환에서 그러는 것처럼), 두 손 들고 그저 원인 미상이라고 선언해버린다'고 비판했다. 정신과 신체가 분리될 수 없다는 관점에서 의학을 연구한 조지 에인절은 '이 환자가 왜 지금 이 질병에 걸린 것인가?'라는 질문을 자주 던졌다. 그리고 '질병은 어떤 개인의 인생사에서 특정한 시점에 관찰되는, 그 인간 자체'라고 말했다.

천안의 신문사는 1년 반 만에 문을 닫았다. 건설사를 모기업으로 두었는데, 막지 못한 어음 하나에 건설사와 여러 자회사 모두 동반 부도 처리되었다. 회사가 문을 닫기 몇 달 전, 전북 부안의 한적한 곳에 살고 있는 한 선배에게서 같이 일하자는 제안을 받았다. 당연히 그리로 가고 싶었지만, 이때 하필 어머니의 눈에 병이 생겼다.

빨리 수술을 받아야 하는 상태였는데, 가족들은 차일피일 미루고 있었다. 어머니도 수술에 대한 두려움으로 선뜻 병원을 찾지 못했다. 1999년에 겪은 형과 아버지의 일 때문이었을까? 지금 생각해보면 나는 과도한 책임감을 느꼈다. 내가 가서 어머니의 수술을 준비하고 그 과정을 돕지 않으면 어머니의 눈은 아마 방치되고 말 것이라는 나쁜 예감이 들었다. 참으로 난감한 상황이었다.

딜레마에 빠져 허우적대던 나는 3개월 넘게 『주역』을 읽었다. 박종평이 완역한 『난중일기』에는 누구보다 이성적이고 현실적이었던 이순신 장군이, 전투를 앞두고 너무 답답해 '척자점擲字占'을 치는 기록이 있다. 나도 그런 심정이었다. 그러나 공자는 '위편삼절韋編三絕'이라는 말을 남겼을 정도로 『주역』을 공부했지만, 평생 점을 치지 않았고 그 책의 정신만을 따랐다. 『주역』「단사彖辭」에는 이런 구절이 있다.

돌아감. 그것에서 천지의 마음이 드러나는 것이니復, 其見天地之心乎!

부안으로 가는 것이 '대길大吉'하다는 점괘가 나왔다. 그러나 나는 서울로 돌아갔다. 그 후 다시는 점을 치지 않았다.

서울의 아파트로 올라온 나는 천안으로 이사 갈 때보다 훨씬 더 심각해진 소음에 시달렸다. 아래층과 옆집에서도 본격적인 소음을 냈다. 집에 있을 수가 없었다. 도서관에서 총 32권인 소설 『도쿠가와 이에야스』를 하루에 한 권씩, 32일 동안 읽으면서 괴로움을 달랬다. 새가 울지 않으면 노부나가는 죽여버리고, 히데요시는 달래서 울게 만들고, 이에야스는 울 때까지 기다렸다. 나는 새와 친구가 되고 싶었다. 울고 말고는 중요한 게 아니라고 생각했다.

어머니의 수술을 마치고 나는 서른다섯의 늦은 나이에도 불구하고 2004년 가을, 교육대학원에 진학하는 선택을 했다. 명시적인 이유는 '나는 돈 버는 일에 소질이 없다. 아이들 곁에서 만족하며 살자'였다. 그러나 돌아보면 그때 나는 이미 불안에 조종당하고 있었다. 새로 일자리를 구하기는 어렵고, 그렇다고 집에 있는 것은 괴로우니 당장 낮 시간을 보낼 곳을 찾는 일이 절실했던 것이다. 그때까지의 사회 경력과는 완전히 다른 선택을 '합리화'하기 위해 나는 스스로를 제법 잘 설득한 것이었다.

하지만 내가 소음으로 인한 불안에 시달리고 있지 않았다면 다른 선택을 했을 가능성이 훨씬 더 높았다. 적어도 그 선택이 내가 불안을 의식한 상태에서 내린 것이었다면 대학원은 내게 최소한 '휴식처'가 되었겠지만, 결과적으로 큰 대가를 치러야 하는 '도피처'가 되고 말았다.

대학원에 다닐 때 나는 집에 있는 시간을 최소화했다. 명분은 '학비와 생활비를 벌기 위해서'였지만, 그렇더라도 지금 생각해보면 너무 가혹하게 스스로를 집 밖으로 내몰았다. 새벽 6시 30분에 집에서 나가 아르바이트를 하는 직장까지 지하철로 2시간을 이동하고, 다시 오후 5시에 학교까지 2시간을 이동하고, 수업을 마치면 다시 밤 10시 30분에 집까지 2시간을 이동하는 생활을 했다.

몸은 내가 견디기 힘든 지경까지 나빠졌지만, 대학원 시절 나는 한밤에도 새벽에도 그렇게 깨어 있어야 했다. 오직 그 시간들에만 고요와 만날 수 있었다. 정태춘의 노래 「한여름 밤」은 그래서 당시 내 심정을 노래한 시이기도 했다.

> 한여름 밤의 고요한 정적은 참 좋아라
> 그 작은 몸이 아픈 나의 갓난아기도 잠시 쉬게 하누나……
> 아무도 창을 닫지 않는 이 정적 속에서
> 어린 아기도 잠이 들고, 그의 꿈속으로 바람은 부는데

석사 논문을 준비하는 마지막 학기, 70킬로그램의 체중이 56킬로

그램까지 떨어지고, 지속적인 설사에 시달렸다. 체지방이 거의 없는 나로서는 체중 감소가 모두 근육 손실로 인한 것이었다. 왼쪽 옆구리의 통증이 심해져 어떤 때에는 칼로 옆구리를 도려내고 싶을 정도였다. 교사 임용시험을 준비한다는 것 자체가 어불성설이었다. 이를 악물고 겨우 졸업했으나, 이미 서른일곱이라는 나이에 경력이 전무한 상태로 기간제 교사 자리를 찾는 것도 거의 불가능했다. 내 몸은 그 때쯤 통나무처럼 뻣뻣해져갔다.

이때 비로소 나는 '내 몸의 통증과 기능 장애가 불안 때문'이라는 진실을 받아들이기 시작했다. 심리학 공부를 하며 내가 알게 된 사실들을 더는 부정할 수 없었다. 심리학 책들을 읽고 있노라면, 모두 내 얘기를 하는 듯한 느낌이 들었다. 통증이라는 형식으로 크게 울리는 경고음도 더 이상 무시할 수 없었다.

아무리 공동주택의 소음이 심각한 곳이어도, 24시간 소음이 발생하지는 않는다. 그러나 나는 24시간 불안에서 벗어나지 못했다. 소음이 실제로 발생하면 칼에 찔리거나 몽둥이에 맞는 것 같았다. 하지만 소음이 없어도 칼이나 몽둥이를 들고 있는 사람들과 팽팽하게 대치하고 있는 느낌 속에서 살아야 했다. 심지어 집 밖에 나가서도 그 느낌은 사라지지 않았다. 결국 밤에는 집으로 돌아와야 하기 때문이었다.

보통의 한국인들이 아파트 한 채를 사기 위해 거의 전 생애를 바치고 있는 시대였다. 그러나 나는 대규모 아파트 단지가 눈에 보이면 가슴이 꽉 막히고 숨도 잘 쉬어지지 않는 증상이 나타났다. 완전히

'이질적인 외톨이'가 된 느낌이었다. 이 느낌이 불안을 더 무섭게 만들었다. 어디를 둘러보아도 아파트가 보이는 도심 한복판에서 나는 '더 이상 살고 싶지 않다' '더 이상 살 수 없을 것 같다'는 느낌을 받곤 했다. 차라리 다시 감옥에 들어가고 싶었다.

영국인으로서 타이로 출가했던 아잔 브라흐마는 『술 취한 코끼리 길들이기』에서 감옥에 대해 이렇게 썼다.

> 어떤 장소든 당신이 그곳에 있기를 원치 않는다면, 아무리 안락하더라도 당신에게는 그곳이 감옥이다. 이것이 '감옥'이라는 단어의 의미다.

이력서를 쓰느라 억지로 집에 있던 어느 날, 나는 여기저기서 들리는 소음에 폭발하고 말았다. 의자를 집어던지고 벽을 치면서 미친 사람처럼 비명을 질러댔다. 나는 정신과 치료를 받기로 했다. 하지만 그저 항불안제나 항우울제를 처방하는 것 말고는 그들이 하는 일은 없었다. 현대사회에 잘 적응하지 못하는 나의 '연약함과 예민함'이 그들이 한 줄로 내린 결론이었다. 정신과 의사와 만나서 얘기하는 시간이 오히려 내과 의사와 만나서 얘기하는 시간보다 더 짧았다.

마리 노엘 샤를의 『세상을 바꾼 작은 우연들』은 항불안제의 주요 성분인 '벤조디아제핀benzodiazepine'이 개구리 덕분에 발견된 화학 물질이라는 사실을 전한다. 스턴바흐가 발견한 이 물질은 보통 신경안정제라 불리며, 가바GABA라는 신경전달물질의 반응성을 높인다. 에

드워드 쇼터는 『정신의학의 역사』에서 1987년 이후 우울증 약의 대명사가 된 프로작이 미국 중산층이 영양제처럼 서로 나누어 먹는 '미용 정신 약물학'의 시초가 되었다고 말한다. 프로작은 세로토닌serotonin이라는 신경전달물질의 농도를 높이는 작용을 한다. 내가 먹었던 약은 바로 이 벤조디아제핀 계열의 약과 프로작이었다.

그러나 스턴바흐는 한 언론 인터뷰에서, 자신은 평생 벤조디아제핀을 먹어본 적이 없고, 주로 위스키를 마셨다고 고백했다. 또 항우울제 중에는 프로작과 반대로 세로토닌의 농도를 오히려 낮추는 '스타브론정'이라는 것도 있다. 제약 회사도 의사들도 이런 물질이 어떻게 우리 마음에 작용하는지 정확히 모른다. 벤조디아제핀 계열의 약과 프로작은 불안과 우울이 과도할 때 분명 도움을 줄 수 있다. 그러나 그것이 치료 약이 될 수는 없다. 그 약들을 복용하면서 나 자신을 면밀히 관찰한 후, 나는 그 약들이 일종의 진통제라는 결론에 도달했다.

「디어 닥터」라는 일본 영화는 제약 회사 영업사원이었던 한 남자가 시골 보건소에서 의사 행각을 했던 이야기다. 이 사람이 가짜 의사라는 것을 간호사는 알고 있었지만, 그 사실을 폭로하지 않는다. 기본적인 약품 정보만 알고 있어도, 시골 노인들을 치료하는 데 별 문제가 없었기 때문이다. 무엇보다 그 가짜 의사는 환자들의 이야기에 귀 기울이고, 의학 책을 공부하면서까지 환자들을 돕기 위해 진정으로 애쓰는 사람이었다. 가짜 의사였지만, 좋은 사람이었다. 나는 이 영화가 현대 의료 산업의 문제를 가장 깊은 곳까지 지적한 영화라고 생각했다. 나는 진통제보다 가짜라도 좋으니 내 이야기를 들어주는 좋은 사람이 절실하게 필요했다. 약이 아니라 사람이 나를 치료할 수 있다고 믿었다.

그러나 내 고통에 귀 기울이지 않는 세상을 계속 원망만 하고 있을 수는 없었다. 공자가 '하늘을 원망하지도, 사람들을 탓하지도 않는다不怨天, 不尤人'고 말했던 것은 윤리적인 이유에서만이 아니었을 것이다. 원망은, 원망을 하는 사람을 더 고통스럽게 한다는 것을 그때쯤 나도 받아들일 수밖에 없었다.

2007년 6월, 기적 같은 일이 일어나 나는 기간제 교사가 되었다. 교사 생활을 시작한 지 얼마 안 되어, 내 눈에는 학교의 모든 사람으로부터 왕따를 당하고 있던 한 여학생이 보였다. 아이들뿐만 아니라 교사들도 이 아이를 피하거나 무시했다. 어떤 사명감이나 목표가 있었던 것은 아니나, 당시 내가 처한 현실의 고통이 나도 모르는 사이에 나를 그 아이에게 이끌었다.

학교 안의 유령처럼 지내는 그 아이에게 처음 인사를 건넸을 때, 아이는 나를 쳐다보지도 않았다. 더 상처받고 싶지 않아 세상과 담을 쌓은 것이 느껴졌다. 하지만 나는 포기하지 않았다. 아이가 인사를 받아주고 나와 눈을 마주치기까지 3개월이 넘게 걸렸다.

그 학교를 떠나야 할 시간이 얼마 남지 않은 어느 날, 아이는 스스로 교무실의 내 자리까지 찾아왔다. 눈물을 보이는 대신 그 아이가 먼저 이야기를 꺼낼 때까지 더 기다려야 했으나, 나는 곧 그 학교를 떠날 수밖에 없었다.

어느 날은 한밤중에 몹시 외로워 당시 유명한 채팅 사이트에 들어가본 적이 있었다. 방을 만들어놓고 누가 들어오기를 기다리는 방식이었다. 아무도 들어오지 않아 나가려 할 때, 20대라고 나이를 밝힌 한 여성이 들어왔다. 고아였고, 고아원을 나와서는 고아원 원장이 운영하는 티켓 다방의 여자로 일하며 몸을 팔아야 했던 자신의 기구한 이야기를 한 시간 넘게 들려주었다. 나는 남자들을 대신해 사과하고 싶다고 말했다. 그녀는 자신의 불행한 이야기를 끝까지 들어준 사람은 내가 처음이었다며, 고맙다는 말을 남기고 조용히 방을 나갔다.

내가 받은 상처가 타인의 상처를 보고 듣게 한다는 것은 참 슬픈 일이었다. 내 이야기를 할 수는 없었지만, 이런 경험을 통해 나는 고통에 공감하고, 이야기를 들어주는 것이 고통에 처한 사람에게 어떤 영향을 미치는지 배울 수 있었다.

그 후로 나는 내가 다니는 학교의 아이들에게 깊은 관심과 애정을 갖게 되었다. 아마도 이 힘으로 30대 후반을 버텼던 것 같다. 그러나 그렇게나마 나를 붙들고 있기에는 불안의 힘이 너무 강력했다.

매슬로는 『동기와 성격』에서 인간은 생리, 안전, 애정과 소속, 존중 그리고 자아실현 순으로 5단계의 '욕구 위계'를 갖는다고 설명했다. 아래 단계가 충족되지 않으면 위 단계로 올라가기 힘들다는 것이다. 나는 생리와 안전에 해당되는 가장 밑바닥에 심각한 문제가 있었고, 마치 거꾸로 선 오뚝이와 같았다.

정교사보다 거의 2배 더 일해야 하는 중노동에 시달리다가, 집에 돌아오면 다시 소음으로 인해 괴로워했다. 소주 한 잔 마시기도 버거워했던 내가 2010년에는 불안을 술로 이겨보려고 한 달 넘게 혼자 술을 마셨다. 얼마 지나지 않아 중증의 '역류성 식도염'이 발생했다. 약을 먹어도 낫지 않았다. '지금이라도 쉬어야 하나. 그런데 대체 어디서 쉬지?' 하는 생각이 머릿속을 어지럽게 맴돌았다.

그때 학교 도서관의 서가를 걷다 손끝에 걸린 책 『그래도 계속 가라』를 읽고, 힘들어도 교사 생활을 계속 해보기로 했다. 삶의 터전을 빼앗기고 인디언 보호구역에서 간신히 살아남았던 라코타 인디언 출신의 조지프 마셜이 쓴 책이었다. '힘들어 포기하고 싶을 때, 바로 그때 한 걸음 더 가라'고 말하고 있었다.

누군들 사회 생활이나 직장 생활을 하면서 힘들지 않겠는가? 누군들 한두 군데 몸의 통증이나 병소가 없겠는가? 그렇게 나를 달래보았다. 하지만 이때 얻은 역류성 식도염은 지금까지 나를 괴롭히고 있다.

심신을 안정시키는 데 도움이 되는 태극권太極拳을 배우면서 굳어가는 내 몸과 불안한 내 마음을 달래보기도 했다. 하지만 기간이 만료되면 다시 새로운 학교를 찾아야 하는 기간제 교사의 근로 조건은 시간이 지날수록 나를 지치게 했다. 목이 졸리는 것처럼 힘든 날들에도 나를 버티게 했던 것은 아이들과의 유대감이었다. 하지만 아이들과 끈끈한 정이 들 때쯤 학교를 떠나야 했다. 교사 생활을 하면서 1년에 한 번씩 6년간 학교를 옮겨다녔다.

기억해보면 중고등학교 시절 내가 잊지 못할 대화를 나누었던 선생님들은 대부분 기간제 교사였다. 나는 기간제 교사가 되고 나서야 그분들이 기간제 교사였다는 것을 알게 되었다. 그분들도 나처럼 어느 날 갑자기 왔다가 문득 사라졌다.

나는 중학교 1학년 때부터 시를 썼는데, 아무도 알아주지 않는 글쓰기를 지금까지 이어올 수 있었던 것은 한 기간제 국어 선생님의 큰 격려 덕분이었다. 황순원의 『소나기』를 읽고 그다음 이야기를 써오라는 숙제였는데, 그 선생님은 내가 쓴 글을 모든 아이가 들을 수 있도록 큰 소리로 읽게 했다. 내가 쓴 글을 사람들과 나누는 경험을 그때 처음으로 해보았다. 그때의 설렘과 감격은 지워지지 않을 기억으로 남았다.

어떤 기간제 영어 선생님은 '3S 전략Screen, Sport, Sex'의 무서운 성질을 당시 중학생이던 내게 폭로했다. 교사로부터 권력이 가진 어두운 세계의 이야기를 들은 것은 그때가 처음이었다. 선생님은 가죽 재질의 검정 미니스커트를 입고 그날 수업을 했다. 아이들은 그 선생님의 다리를 훔쳐보느라 난리였지만, 나는 그 선생님의 잔 다르크와 같은 당당함에 완전히 매료되었다. 하지만 그날 이후로 그 선생님을 다시는 볼 수 없었다.

만일 별빛처럼 반짝이다 스러진 기간제 선생님들을 만나지 못했다면, 나는 중고등학교 6년을 아마도 견뎌내지 못했을 것이다. 영화 「죽은 시인의 사회」에서 존경받는 교사로 등장하는 '캡틴' 키팅도 바로 기간제 교사다.

기간제 교사는 교사로서 자신의 시간이 얼마 남지 않았다는 것을 항상 자각하고 수업에 임하며, 아이들을 만난다. 위선과 가식의 가면을 쓰고 있을 시간이 없는 것이다. 물론 그런 조건과 현실에 쫓겨 더 남루해질 수 있다는 것도 안다.

그때는 일요일 오후가 되면 '빨리 월요일이 와서 출근하면 좋겠다'는 생각을 했었다. 하지만 그 밑을 조금만 파고 들어가보면, 스스로 감당할 수 없었던 불안이 똬리를 틀고 있었다는 것이 문제였다.

『추구』에는 안중근 의사가 여순 감옥에서 남긴 휘호로 더 유명해진 '하루라도 책을 읽지 않으면 입안에 가시가 돋는다一日不讀書口中生荊棘'라는 구절이 있다. 그러나 나는 하루라도 책을 읽지 않으면 불안으로 잠을 잘 수가 없었다. 책을 읽지 않으면, 영화를 보거나 글을 썼다. 너무 힘든 밤이면 누워서 음악을 들었다. 나는 본래 음악을 즐겨 듣는 사람이 아니었다. 그런데 삶은 참 이상하다. 소음 때문에 듣기 시작했던 그 많은 음악 속에서 그 전에는 몰랐던 아름다움과 위안을 발견할 수 있었다. 아름다운 것은 슬픔에 뿌리를 두고 있는 건지도 모른다.

30대 후반 들어 어느 정도 불안을 자각했지만, 그렇다고 삶의 방식을 근본적으로 바꾸지는 못했다. 그것이 바로 불안이 주는 효과이기도 했다. 불안에 한번 빠져들면 그 불안에서 빠져나가는 것 자체로 역시 불안을 느끼게 된다.

정신을 놓고 있다가 자신이 물에 빠졌다는 것을 깨달은 사람이 있다고 하자. 그가 다시 강변이나 해변을 돌아보았을 때, 자신이 너무 멀리 왔다는 것을 알고 쉽게 되돌아갈 결심을 하지 못하는 것과 같다. 목숨 걸고 물 밖으로 나가려는 모험을 하기보다는 자신이 빠져 있는 그곳에서 '그럭저럭 살아갈 수 있지 않을까'라는 생각을 하기 시작한다. 이것이 바로 불안이 주는 '환상과 착각'이라고 생각한다.

두려움은 말 그대로 두렵고 고통스러운 것이다. 두려움이 느껴지면 수단 방법을 가리지 않고 거기서 벗어나려는 행동을 취한다. 그래서 두려움도 순간적인 환상과 착각을 줄 수 있다. 하지만 두려움의 요인이 사라지면 두려움도 같이 사라지기 때문에 이 환상과 착각이 내면에 자리를 잡는 경우는 별로 없다.

인류학자 카를로스 카스타네다의 책 『내면으로부터의 불꽃The Fire from Within』에서 카를로스에게 고대 멕시코인들의 지혜를 가르친 후앙 마투스는 '두려움과 싸우려고 하지 마라. 하지만 그것과 함께 뒹굴어라. 겁이 나는 것은 괜찮다. 중요한 것은 압도당하지 않는 것이다'라고 말했다. 또 '두려움이야말로 우리를 배우게 만드는 가장 큰 힘 중 하나다'라고도 했다.

하지만 두려움이 너무 크거나, 깊거나, 오래되어 형성된 불안이라면, 그것을 견디기 위해 내면에서 어쩔 수 없이 지속적인 환상과 착각을 요구하게 된다. 마음속 깊은 곳에 자리한 불안이 환상과 착각의 진통제를 계속 원하게 만들고, 환상과 착각은 그럴수록 불안을 더 강화시키는 것이다.

그래서 두려움에 수반되는 환상과 착각은 '동전의 양면'과 같은 개념으로 설명할 수 있지만, 불안과 함께 내면화되는 환상과 착각은 동전의 양면만으로는 그 복잡한 양상을 다 헤아리기 어렵다고 나는 생각한다. 무엇보다 나의 경험이 그것을 증명한다.

불안에 오랫동안 고통받다보면, 어느 순간 오히려 격정에 사로잡혀 희열을 느낄 수도 있다. 모든 것이 다 긍정적으로 보이고, 모든 일이 다 잘될 것 같은 자신감이 차오르기도 한다. 또 어떤 때는 내가 불안을 알지 못했던 시절처럼 담담하게 일상에 몰입하기도 한다. 그러나 바로 이때가 불안이라는 물살에 내가 침몰당하기 직전이라는 것을 나는 고통스럽게 배웠다.

그래서 불안과 짝을 이루는 환상과 착각을 설명하기 위해서는 또 하나의 개념 도구가 필요한데, '둥근 공의 접촉면'이 그것이다. 이것은 내가 고안해낸 말이다. 둥근 공은 그것이 허공에 떠 있는 상태가 아니라면, 최소한 한 면이 바닥에 닿아 있게 된다. 그 경우의 수는 아주 많을 수밖에 없다. 불안이 오히려 부정적이고 고통스러운 양상으로 드러나면 당사자는 쉽게 불안의 문제를 자각할 수 있다.

그러나 긍정적이고 유쾌한 양상을 넘어 전혀 상관없는 모습으로까지 드러나면 당사자는 그 불안의 완전한 노예가 될 수 있다. 이렇게 불안을 불안으로 느끼지 못하게 하고 계속 환상과 착각에 빠져 있게 만드는 힘이 바로 불안이 가진 가장 무서운 성질인 듯하다. 이것이 또한 불안을 그 핵심으로 하는 트라우마의 진면목이라고 생각한다.

『맛지마 니카야』 「성스러운 구함의 경」에서 고타마는 출가 후의 수행 과정을 비교적 상세히 설명하고 있다. 그는 당시 북인도 지역에서 명성을 얻고 있던 알라라 칼라마를 찾아가 '무소유처無所有處'라는 높은 명상의 단계에 도달한다. 그러나 명상에서 벗어나면 다시 자신에게 미묘한 '불만족과 불안'이 있음을 알아차리고, 웃다카 라마푸타를 찾아간다. 그에게서 '비상비비상처非想非非想處'라는 인간이 도달할 수 있는 가장 높은 수준의 명상을 배우지만, 역시 불만족과 불안을 완전히 극복할 수 없음을 깨닫는다. 그리고 자신을 그들처럼 스승의 지위로 대해주겠다는 제안을 거절하고, '설산 고행'으로 잘 알려진 혼자만의 길을 걷는다.

나와 고타마를 같은 수준에서 비교할 수는 없다. 그의 표현대로 그는 '탐욕을 빛바래게 하고 소멸시켰으며, 고요함과 최상의 지혜를 얻고, 바른 깨달음과 열반에 이르렀던 사람'이었다. 다만 나는 고타마가 불안이 가진 그 미묘한 양상을 아주 예리하게 통찰했다고 생각했고, '둥근 공의 접촉면'이라는 개념 역시 그의 삶에서 영감을 얻은 것이다.

중요한 것은, 불안은 그것과 싸우려 하거나 그것에서 도망치려 할수록 더 깊게 빠져들게 만든다는 것을 알아차리는 일이다. 그리고 그 알아차림을 모호하게 만드는 것이 바로 불안이 가진 둥근 공의 접촉면이라는 성질임을 또한 알아차리는 것이다. 불인과는 정반대 상황에 놓이는 것보다, 오히려 전혀 상관없어 보이는 상황에 있을 때 우리는 불안에서 완전히 벗어났다는 착각에 빠지기 쉽다.

2019년 겨울, 같이 가자는 셋째 조카의 부탁을 핑계 삼아 나는 러시아의 블라디보스토크를 다녀온 적이 있다. 추운 겨울에 더 추운 동토의 땅을, 바다를 건너 다녀왔다. '떠다니는 호텔'이라는 크루즈선에서 오가는 동안 잠이라도 푹 잘 수 있을 것이란 기대가 컸다. 그때 나는 배를 처음 타보았는데, 그 배에서 불안이라는 바다에 빠져 영원히 돌아오지 못할 수도 있을 경험을 하게 되었다.

러시아까지 가는 이틀 밤 동안 좌우 객실에서 들리는 소음으로 나의 불안은 감당 못 할 지경에까지 이르렀다. 다시 공황 발작이 닥칠 것 같았고, 나는 평상심을 거의 잃어버렸다. 크루즈는 내게 '떠다니는 고시원'일 뿐이었으나, 문제는 육지에 닿기 전까지 그 고시원을 빠져나갈 수 없다는 것이었다.

소음의 불안을 피해 배 안을 여기저기 돌아다녀보니 사람들은 바에서, 카지노에서, 갑판 위에서 모두 자신만의 시간을 보내고 있었다. 나처럼 불안에 짓눌려 배 안을 배회하는 사람도 있었지만, 춤추며 환희에 젖어 소리를 지르는 사람도 있었다. 배 안의 모습은 우리 삶의 축소판이었다. 둥근 공이 구르거나 튀며 지면과 닿게 되는 그 많은 지점처럼, 사람들은 만화경같이 다양한 모습으로 자신들에게도 있을지 모르는 불안을 잊어버리고 있었던 것일까?

어쨌든 나는 밤이 깊도록 객실로 들어가지도 못하고 바닷바람이 세차게 몰아치는 갑판 위만 맴돌고 있었다. 거대한 아파트 단지를 보며 느꼈던 불안의 바다가 그대로 바닷속의 불안이 되어 밀려오고 있었다. 결국 선택을 해야 했다. 바닷속으로 뛰어들든가, 아니면 사람 속으로 뛰어들든가.

나는 어린 조카와 이미 이혼한 형수님에게 내 트라우마를 솔직히 고백하고 도움을 청했다. 또 선상이라 인터넷이 안 됐으므로 여동생에게 국제전화를 걸어 러시아에 도착하는 대로 귀국할 수 있도록 비행기 편을 알아봐달라고 부탁했다. 내 상처와 곤란을 가까운 사람들에게 있는 그대로 드러내버렸다. 그 거대한 바다와 어떻게 싸우며, 그 바다 한복판에서 어디로 도망갈 수 있단 말인가?

하지만 도저히 빠져나올 수 없을 것 같았던 바닷속의 불안이, 불안의 바다에서 나가는 길을 알려주는 이정표가 되어가고 있었다. 다행히 격렬한 불안은 조금씩 가라앉았다. 내 목까지 차올랐던 검은 파도가 조용히 물러가는 느낌이 들기 시작했다. 나는 러시아에 도착하고, 다시 배를 타고 돌아올 때까지 힘들어도 불안을 견딜 수 있었다.

기억해보면 나는 그때, 그 바다에 오기 전까지 내가 오랫동안 반복해왔던 습관에서 얼마쯤 벗어나고 있었던 것인지도 모른다. 불안을 부정하거나 도망가지도, 그 불안과 격렬하게 싸우지도 않고 있었다. 현실을 있는 그대로 직시하면서, 내게 도움이 될 수 있는 힘들을 겸손하게 받아들였다. 그것은 춤추는 것과 비슷한 느낌이었다. 음악에 몸을 맡기면 몸이 그 음악에 맞추어 저절로 움직이고 흘러가는 것처럼 말이다. 고타마가 고백했던 것처럼 '머무르지 않고 애쓰지도 않으면서 거센 흐름을 건너는' 경험을 그 바다에서 처음 해보았던 것일까?

동해안이 얼마 남지 않은 바다 위에서 하늘의 별을 보며 나는 짧은 시 한 편을 남겼다.

푸른 하늘을 꿈꾸며
기다리다 잠이 들었는데
눈을 떠보니
별이 반짝이고 있었습니다

꿈이 아니었습니다

# 6.

# 어둠
# 속에서

중세를 대표하는 이탈리아의 시인 단테의 『신곡』은 그 길고도 혹독한 여정을 이렇게 시작한다. 나는 이 구절이 불혹의 나이를 지나고 있던 내 심정을 잘 대변한다고 생각했다.

> 삶의 한복판에서 길을 잃고 문득 정신을 차렸을 때, 나는 작은 길 하나 보이지 않는 어두운 숲속에 있었다.

2011년 나의 몸과 마음은 극한의 상태에 이르렀고, 그해 6월 끔찍한 공황 발작이 일어났다. 지금은 사람들이 이 이름을 낯설어하지 않지만 그때 나는 그것에 대해 아는 게 아무것도 없었다. 어렵게 일자리를 얻었던 학교에서 사실상 강제 퇴직을 당하고 방에 혼자 있을 때, 주위로 아파트 크기만 한 검은 해일이 나를 덮치는 환상을 보았다.

누구라도 직장에서 해고될 수 있다. 그러나 나는 그 결과 단 1분도 있고 싶지 않은 집에 다시 하루 종일 있어야 하는 처지가 되었다. 그 상황은 내게 견디기 힘든 불안과 극단적인 공포를 주었다. 많은 공황 발작 경험자와 비슷하게 나 역시 그때, '내가 이렇게 미쳐가는구나. 결국 이렇게 죽는구나'라고 생각했다. 그 공포는 겪어보지 않은 사람은 절대로 알 수 없다.

공황에 해당되는 영어 단어는 그리스 신화와 관련이 있다. 이윤기의 『그리스 로마 신화』를 참고해 정리해보면 다음과 같다.

> 판Pan은 헤르메스의 아들이거나, 목인과 암염소 사이에서 태어난 존재라고 알려져 있다. '모든 것'이라는 뜻으로 가축을 지킨다고 생각되었다. 님프인 에코는 그의 사랑을 피해 몸을 숨기다 '메아리'로 변했으며, 그에게 쫓긴 시링크스로 인해 '팬 플루트Pan Flute'가 만들어졌다. 음악과 춤을 즐기고 성격은 명랑하지만, 나그네에게 갑자기 공포를 주기도 한다고 믿어져, 공황을 의미하는 패닉panic이 유래되었다.

'모든 것' '적극적인 사랑' '자유로움과 음악' '반인반수의 야수성' '목축' 등 판이란 신에게서 뿜어져 나오는 심상과 정서는 유럽인들에게 큰 영향을 미쳤다. 그런데 왜 하필 유럽인들은 이러한 판에게서 죽음보다 더한 공포를 느꼈을까?

이 역설은 흔히 사용하는 말인 '감기感氣'에서 그 단서를 찾을 수 있다. 감기는 우리가 평소에는 잘 느끼지 못했던 어떤 기운, 우리보다 더 크고 더 근원적인 기운을 느꼈다는 뜻이다. 좁고 얕은 자신에게만 몰두하고, 우리를 둘러싼 알 수 없는 힘과 질서를 외면할 때, 그 거대하고 깊은 힘은 우리에게 고통이라는 방식으로 자기 존재를 알린다. 단순한 열이나 근육통이 되었든, 아니면 죽음보다 더한 공포가 되었든 그러한 충격을 받음으로써 우리는 일단 멈추고 자신을 돌아보지 않을 수 없게 된다.

이러한 관점에서 보면 공황은 재앙이 아니라 축복이다. 그렇게 해서라도 내가 사망의 골짜기로 떨어져버리기 직전, 벼랑 끝에서 일단 멈출 수 있었기 때문이다. 카를로스의 『무한한 세계의 얼굴The Active Side of Infinity』에서 후앙 마투스는 이렇게 말했다.

> 우리가 그저 운에 따라 흘러가고 있다고 여기는 우리의 환경은, 실제로 우리가 알 수 없는 어떤 무한한 힘의 능동적인 측면, 즉 그것의 '의도'에 의해 그 질서가 만들어진다네. 우리가 그 힘의 의도를 결정하는 것은 불가능하지. 하지만 그것은 자네와 나처럼 손으로 만져볼 수 있는 어떤 구체적인 것으로 존재하네. 고대 멕시코의 마법사들은 그것을 알아차릴 때의 느낌을 '허공 속의 전율tremor in the air'이라고 불렀어.

하지만 이러한 관점은 공황 발작을 겪고 내 삶이 송두리째 뒤집어진 이후, 많은 번뇌 후에 알게 된 것이다. 후앙 마투스는 자신의 제자가 된 카를로스에게 공황 발작과 같은 공포가 다가오면 그것에 그냥 익숙해지라고, 자신 역시 그러하다고 말했다. 그들은 그런 전율이 다가올 때 나처럼 죽을힘을 다해 도망쳤던 것이 아니라, 온몸으로 담담하게 그 떨림을 받아들였다.

수심 50미터 이상을 아무 장비 없이 내려가는 프리 다이빙은 극한의 고통과 두려움을 준다고 알려져 있다. 프리 다이버 김동하는 한 방송과의 인터뷰에서 심해에서 다시 올라올 때는 허벅지가 찢어질 것 같다며, '이때는 고통을 참는다기보다, 고통을 본다고 해야 할까요?'라고 말했다.

물론 이런 이야기를 누군가에게 들었을 때는 '그럼 나도 한번 해볼 만하겠다'라는 막연한 자신감을 가질 수 있다. 하지만 막상 공황 발작을 겪어본 나로서는 그 충격에서 벗어나는 데만도 아주 오랜 시간이 걸렸다. 설사 그것이 정말 우리가 알 수 없는 어떤 힘이 우리에게 주는 축복이라 해도, 그 선물을 정말 우리 것으로 만들기는 결코 쉽지 않은 일이다.

어쨌든 공황 발작 이후 끊었던 정신과 약을 다시 먹으면서 나는 더 이상 과거와 같은 삶의 방식으로는 살 수 없다는 것을 깨달았다. 내 트라우마를 직시해야 했다. 불안을 회피하지 않고, 인정하며 존중하기로 했다. 다시 공황 발작을 겪느니 차라리 죽는 게 나을 것 같았다. 일을 찾는 대신 내가 도움을 받을 만한 사람들을 찾아다녔다. 50분에 10만 원의 상담비를 내야 하는 가장 비싼 심리 상담사를 만나기도 했고, 조용한 시골에서 며칠 동안 계속되는 심리 상담 캠프에 참여하기도 했다.

이 캠프에서 나는 가면을 벗었다. 나는 제대할 무렵부터 시작된 탈모로 그때까지 15년 동안 가발을 썼었다. 심리 캠프는 춤으로 시작됐다. 한여름에 모두 땀을 뻘뻘 흘리며 자신을 내려놓는 시간을 가졌다. 하지만 나는 가발 때문에 춤에 몰입할 수 없었고, 캠프를 포기해야 할지도 모른다는 절망감까지 느꼈다.

모두 강당에 모여 있을 때, 나는 혼자 어두운 방에 남아 번민에 번민을 거듭했다. 내가 만일 공황 발작의 압도적인 충격을 겪지 않았다면, 물론 그 캠프에도 가지 않았겠지만, 그 순간 서울로 돌아가겠다는 선택을 했을 것이다. 오랫동안 썼던 가면을 벗는다는 것은 정말 힘든 일이었다. 하지만 나는 마음 깊은 곳에 있는 용기 한 줌을 끌어올려 강당으로 갔다. 그리고 사람들이 보는 앞에서 가발을 벗어버렸다. 이 일로 나는 사람들에게 있는 그대로의 내 모습이 받아들여지는 감격스러운 경험을 하게 되었다. 모두 나를 안아주었고, 격려해주었다.

문제는 거기서부터였다. 캠프의 감동을 간직했던 나는 서울로 올라와 새로운 '가족 만들기'에 참여했다. 캠프의 모토는 경청과 공감이었고, 슬로건은 '새로운 가족을 만들자!'였다. 그러나 사람들은 자신의 고통스러운 이야기를 하는 것에는 큰 관심과 열정을 보였으나, 정작 타인의 이야기를 그만큼 들어주려고는 하지 않았다. 가면을 벗은 내가 내 안의 더 깊은 상처를 드러내려 했을 때, 내 이야기에 귀를 기울이는 사람은 아무도 없었다. 벌거벗은 채, 나는 다시 외면받는 고통을 겪어야 했다.

쇼펜하우어는 『소품과 단편』에서 추운 겨울에 온기를 느끼려 가까이 다가간 고슴도치들이 서로 상처를 받는 딜레마를 소개했다. 내가 그들에게 너무 가까이 다가간 걸까? 하지만 이 고슴도치의 딜레마는 그때는 잘 몰랐지만, 바로 트라우마가 가진 모순의 성질, 벗어나려고 발버둥치면 칠수록 오히려 더 상처받는 슬픈 역설을 암시하고 있었다.

아집을 내려놓고 사람들의 도움을 받아보려 했던 애타는 노력 속에서도 내 만성불안에는 큰 변화가 나타나지 않았다. 공황 발작은 다행히 다시 일어나지 않았으나, 겨울이 올 무렵 신경에 문제가 생겼다. 태극권에라도 몰입하기 위해 몸의 움직임에 집중하다보면, 내 운동신경이 과거와는 달리 눈에 띄게 둔해졌다는 느낌이 들었다. 고등학교 시절 내 운동신경은 체육 교사들이 '운동선수보다 낫다'고 인정하는 수준이었다. 그러나 이 시기, 나는 날아오는 배드민턴 공 하나를 제대로 맞추지 못했다. 그리고 이때쯤 10년 전에 끝났다고 생각한 우리 가족의 불행이 다시 시작되었다.

2012년 초, 어머니의 담낭에서 암이 발견되었다. 수술과 입원 생활이 다시 반복되었다. 형과 아버지가 병원에 입원했을 때도 어머니의 눈 수술을 할 때도 그랬지만, 나는 그때도 가족들에게 '환자'가 아니라 그저 '백수'였다. 직장과 자식이 있는 형과 여동생이 병원을 지키는 것은 현실적으로 어려웠다. 나는 중앙대 병원 입원실에서 또 몇 달을 살았다.

2012년 봄이 끝나갈 무렵 어머니는 퇴원을 하셨고 나는 거의 자포자기 상태가 되었다. 어떻게 해도 안 된다는 절망감이 나를 괴롭혔다. 그렇다고 집에 그냥 있을 수도 없었다. 이미 집은 나에게 세상에서 '가장 있고 싶지 않은 곳'이 되어버렸다. 나는 다시 기간제 교사가 되었다. 그리고 그해 6월, 공포감을 동반한 극심한 불안증 증세가 나타났다.

공황 발작은 그 순간에는 '이렇게 죽는구나'라는 생각밖에 들지 않을 정도의 절대적인 고통을 주었지만, 짧은 순간에 지나가버렸다. 2012년의 극심한 불안증은 그것보다는 강도가 낮아졌지만, 공포증 환자가 느끼는 정도의 공포와 함께 한번 시작되면 최소한 반나절은 지속되었다. 그런 상태가 몇 달 동안 이어졌다. 극심한 불안 상태에서 수업을 하다 창밖으로 뛰어내리고 싶은 충동을 간신히 억누르기도 했다.

결국 두 달 만에 사표를 냈다. 정신과에서 처방해준 항불안제도 소용없었으나, 이상하게 과거 학생 운동을 같이했던 동기들을 만나면 증세가 가라앉았다. 나는 마치 유아기에 형성된 '불안정 애착'으로 엄마 곁을 좀처럼 떠나지 않는 아이처럼 그들을 졸졸 따라다녔다.

그러던 어느 날 동기들 전부가, 사기를 쳐서 벤처기업 사장이 되었던 그 학생 운동 선배를 만나러 가려고 모인 적이 있었다. 그는 췌장암 말기 판정을 받고 대전의 한 병원에서 희망 없는 치료를 받고 있었다. 이상한 인연이었다. 나는 그를 내 삶에서 완전히 지워버렸는데, 극심한 불안을 피해 동기들과 함께 있으려면 나도 같이 그를 보러 가야만 하는 상황에 놓인 것이다. 우리가 방문하고 한 달쯤 후에 그는 세상을 떠났다.

2012년 가을, 극심한 불안증은 가라앉았지만 그 누구에게도 내 이야기를 꺼낼 수 없었다. 겨울쯤 형이 돌연 교통사고를 냈다. 중앙선을 넘어 마주 오던 버스와 정면충돌해 차가 완파되는 큰 사고였다. 사고 차량 견인 기사가 운전자는 죽었다고 확신할 정도였으나, 에어백 덕분인지 목숨은 건졌다. 나는 얼굴 전체에 유리 파편이 박히고 다리가 부러진 형이 입원한 병원을 또 들락거리며 살았다.

캐나다 영화 「단지 세상의 끝」은 불치병으로 시한부 선고를 받은 루이가 자신의 임박한 죽음을 알리기 위해 12년 만에 고향과 가족을 방문하는 이야기다. 자기 이야기를 꺼내기 위해 계속 순서를 기다리고 분위기를 읽어나가지만, 오히려 묵은 감정과 사연을 자신에게 쏟아놓는 가족들 앞에서 그는 침묵하고 만다. 누구라도 그 영화를 보다보면 답답함을 느낄 것이다. '그냥 확 이야기해버리면 되지'라고 쉽게 생각할 것이다.

그러나 내면의 고통을 깊게 느껴본 사람은, 설사 타인의 고통이 나의 그것보다 작게 느껴져도 자신의 이야기를 쉽게 하지 못한다. 내 이야기를 타인이 들어주기 바라는 만큼, 내가 먼저 타인의 이야기를 들어주어야 한다는 혹은 들어주고 싶다는 공감의 태도가 그렇게 만든다. 나는 이것을 '역공감'이라고 부른다. 나를 공감하지 못하는 타인과 세상을 역으로 공감하는 것이다. 이것은 고통스럽다. 이것은 공감을 알게 되었을 때 갖게 되는 일종의 형벌이다.

고통의 나날이었고, 잠자는 시간을 제외하고는 책을 읽으며 버텼다. 『나니아 연대기』의 작가 C. S. 루이스를 다룬 영화 「섀도랜드」에 이런 대사가 나온다.

혼자가 아니라는 것을 깨닫기 위해 나는 읽는다.

『장자』를 원문으로 읽으며, 기존 책들과 인터넷을 뒤져 내가 직접 번역하는 작업을 했다. 아주 힘든 일이었지만, 번역에 몰두하고 있을 때에는 극심한 불안에서 조금 벗어날 수 있었다. 일종의 고행이었다. 「내편」 '인간세' 장에 나오는 한 구절이 내 가슴을 울렸다.

> 부득이함에 자신을 맡김으로써 중용을 기르는 것, 그것이 우리가 가야 할 길이다託不得已以養中, 至矣!

그러나 내가 그 가르침을 실천하고 있는지는 자신이 없었다. 겨울이 끝나갈 무렵 양쪽 손가락 모두에 신경통이 나타나기 시작했다. 또 태극권의 그 유순한 동작만 했을 뿐인데, 햄스트링이라 부르는 허벅지 뒷부분의 근육이 끊어져버렸다. 딱딱한 통나무 같은 단계를 지나 몸이 마른 낙엽처럼 부스러져가는 느낌이었다.

『마법의 비밀Magical Passes』에서 카를로스는 고대 멕시코인의 몸에 대한 믿음을 전한다. 그들은 우리의 허벅지 뒷부분 주위로 삶의 중요한 기억이 저장된다고 믿었다. 그래서 그들은 기억을 되살리려고 할 때, 항상 먼 거리를 먼저 걷거나 뛰어 그곳을 자극했다. 만일 그 믿음이 사실이라면 햄스트링이 굳어지거나 끊어지는 현상은 단지 육체적인 문제가 아니게 된다. 물론 운동선수처럼 격렬한 동작에 의해 햄스트링이 끊어질 수도 있지만, 나처럼 앉아만 있던 사람에게 그런 문제가 생겼다는 것은 떠올리고 싶지 않은, 도저히 감당하기 어려운 기억이 지나치게 많이 쌓였다는 뜻이 된다.

그때까지 유일하게 연락을 해오던 학생 운동 시절의 한 선배에게 용기를 내어 내 이야기를 꺼내보았다. 다시 불운의 격류를 지나고 있는 가족들에게 차마 하지 못했던 내 이야기를 그는 들어줄 수 있으리라 기대했다. 조심스럽게 얘기를 꺼낸 지 5분도 되지 않아, 그는 마치 자신감 코칭 강사처럼 나에게 이렇게 말했다.

넌 불안하거나 우울한 것이 아니야. 일을 하기 싫은 거지!

그 사람을 끝으로 내가 학생 운동을 하며 만났던 모든 선배와 결별했다. 그들은 나의 형이었고, 스승이었으며, 무엇보다 동지였다. 그의 판단이 나의 판단과 다를 수는 있었다. 그러나 이야기를 다 듣지도 않는 것은 우리가 스무 살 무렵부터 지켜왔던 가치와 신념을 부정하는 것이라 여겨졌다. 그들에게 배워서 불렀으나 부를 때마다 너무 겁이 났던 노래 「지금은 우리가 만나서」가 떠올랐다.

지금은 우리가 만나서 서로에게 고통뿐일지라도
벗이여 어서 오게나 고통만이 아름다운 밤에
지금은 우리가 상처로 서로를 확인하는 때
지금은 흐르는 피로 하나 되는 때……

그때가 만으로 내 나이 마흔둘. 마흔둘에 첫 책을 냈던 스캇 펙 박사의 『아직도 가야 할 길』을 다시 꺼내 들고 읽었다. 이 책은 군대를 제대하고 어떻게 살아야 할지 고민할 때 내게 큰 영감을 주었다.

> 자신의 감정 속에서 사랑한다는 느낌의 증거를 찾는 것은 쉽고 즐거운 일이다. 그러나 행동 속에서 사랑의 증거를 찾는 것은 어렵고 고통스럽다. (…) 사랑이란 행동하는 만큼 사랑하는 것이다.

내 몸이 더 이상 회복 불가능한 상태가 된 것은 이듬해 2013년 봄부터였다. 몸이 엉망이었지만, 집에 있지 않기 위해서 무슨 일이라도 해야 했다. 집에서 느끼는 불안만 아니었으면 나는 절대로 나가지 않았을 것이다. 컨테이너 박스에서 무거운 짐을 하역하는 일이나, 지붕도 없는 길가에서 기계를 닦는 막노동을 했다. 일이 끝나면 길에 쓰러질 정도였지만, 집에 늦게 가기 위해 거리를 배회했다.

많은 경력 단절을 겪었고, 나이는 마흔넷이었다. 제대로 된 직장을 찾을 수 없었다. 약 도매상에서 배달하는 일을 구했으나, 너무 힘들어 한 달 만에 그만두었을 때 어머니가 대상포진에 걸리셨다. 불운은 끝이 없었다.

어머니는 이미 담낭암 수술로 면역력이 많이 떨어진 상태여서 대상포진 치료가 끝날 무렵, 의사들이 암보다 더 무섭다고 하는 '대상포진 후유증'에 시달리셨다. 어깨와 팔의 참을 수 없는 신경통을 호소했다. 서울 시내 병원을 뒤져 그나마 이런 신경통을 전문적으로 치료한다는 강남의 한 통증의학과에 어머니를 입원시켰다. 이제 누가 아프면 그 뒷감당을 내가 하는 것이 가족들 사이에서 관례가 되어가고 있었다. 몇 달 만에 병원에서 사는 생활이 다시 시작되었다.

여러 통증에 시달리고 있던 나지만, 가족들에게는 말 한마디도 할 수 없었다. 어느 날 한 60대 여인이 병원 로비에서 자기 딸을 붙잡고 아픔을 참지 못해 아이처럼 울던 모습이 기억난다. 나도 그러고 싶었지만 눈물이 나지 않았다. 내 아픔을 누구와도 나눌 수 없었다.

이때 마라스코와 브라이언이 쓴 『슬픔의 위안』을 읽으며 조금 위안을 얻었지만, 마치 바닷물을 마시는 것처럼 갈증은 더 커졌다. 그들은 '슬픔은 치유의 감정으로, 고통에서 벗어나기 위해서는 슬픔을 반드시 느끼고, 누군가와 나누어야 한다'라는 메시지를 전했다. 그러면서 셰익스피어의 비극 『맥베스』에 나오는 한 대사를 인용한다.

> 슬픔을 토로하라! 그러지 않으면 슬픔에 겨운 가슴은 미어져 찢어지고 말 테니.

어머니가 병원에 입원해 있던 동안, 아버지가 저질러놓은 사고가 수면 위로 떠올랐다. 채권추심업체 직원들이 집에 들이닥쳐 세간에 가압류 딱지를 붙이고 갔다. 어머니 간호를 마치고 집에서 쪽잠이라도 자려고 하면 그들은 문을 두드리고 협박을 했다. 2013년 봄 나는 지옥에서 살았다.

이때 우연히 읽은 짧은 시 한 편이 아니었다면 어쩌면 또다시 공황 발작이나 공포를 동반한 극심한 불안증 상태로 되돌아갔을지도 모른다. 시를 읽는데 나도 모르게 눈물이 쏟아졌다. 빈방 안에서 아이처럼 울었다. 아일랜드 시인 제임스 스티븐스의 「가녀린 것들Little things」이다.

침묵과 절망 속에서 죽어가는 가녀린 것들
싸워 패배한 힘없는 것들……

덫에 치어 놀란 눈으로 죽어가는 가녀린 것들
생쥐야 토끼야 참새야 우리의 기도를 들으렴……

우리가 우리에게 죄지은 자들을 용서했듯이
우리네 모든 잘못을 용서해다오……
(푸른글 옮김)

10년 넘게 참았던 울음을 터뜨리고 나니 조금 평정을 되찾았다. 하지만 나는 참으로 어리석기 그지없는 놈이었다. 그때 다시 일을 찾지 않고 내가 쉴 곳을 찾았다면 하는 후회가 이 글을 쓰고 있는 지금도 가슴을 파고든다. 물론 트라우마가 만들어낸 불안에 이미 지배당하고 있었던 나는 합리적이고 온전한 판단을 할 수 없었다. 내 이야기를 진지하게 들어줄 사람을 찾을 수도 없었다. 그렇다고 나의 어리석음에 면죄부를 줄 수만은 없다.

도올 김용옥과 한명기 교수가 진행했던 '임진왜란 얼마나 아십니까?'라는 강의를 동영상으로 본 적이 있다. 내가 주목했던 교훈은 임진왜란이 병자호란으로, 조선 말의 학정으로, 일제 식민 지배로, 한국전쟁으로, 1980년 광주의 비극으로 이어지는 역사의 '유기적 연쇄'에 대한 진실이었다. 어떠한 비극이 발생했을 때 제대로 치유되지 않으면 오랜 시간을 두고 반복된다는 것을 두 사람은 구체적인 증거와 분명한 논리로 제시하고 있었다. 나의 트라우마 역시 그러했다.

소음에서 벗어날 수 있는 곳을 찾는 것은 항상 '돈'의 문제로 귀결되었다. 가수 심수봉의 얘기를 어디선가 들은 적이 있다. 그녀는 과거에 사람이 내는 아주 작은 소리에도 뇌가 치명적인 자극을 받을 수 있는 희귀병에 걸렸고, 무인도에서 요양을 했다고 한다. 성공한 가수였고 돈이 있었던 그녀는 그 후 사회로 복귀할 수 있었다.

소음에 고통을 겪기 시작하고부터 나의 먹고사는 문제는 한 번도 안정된 상태에 있지 못했다. 나의 무능력 탓이었으니 누굴 원망하겠나. 조금이라도 벌어서 쉴 수 있는 곳을 찾아야 했다. 하지만 지금은 그 당시 생각이 얼마나 위험한 것이었는지를 안다. 아무리 그렇더라도 몸 상태가 너무 나빠져 있었다. 이렇게 시야를 좁게 만드는 것이 바로 트라우마의 성질임을 나는 너무 늦게 깨달았다.

2013년 6월, 소개 업체에 돈까지 주고 어느 기업체 사장의 운전기사 자리를 얻었다. 그러나 이때쯤 내 얼굴에는 불길한 통증이 나타나고 있었다. 비유가 아니라 실제 이를 악물고 살았기 때문이었을까? 턱관절 부위부터 시작되는 얼굴의 '삼차 신경' 주위가 아프기 시작했다.

통증의학과에서 '삼차 신경통'이라 부르는 증상과도 달랐다. 그것은 마치 번개가 치듯이 강렬한 통증이 잠깐 나타났다 사라지지만, 내 경우는 하루 종일 가라앉지 않았다. 운전을 하다 한의원으로 달려가 침을 맞고 다시 운전을 하는 생활을 했다. 이를 악물어 생긴 통증일지도 모르는데, 이를 더 악물었다. 통증은 심해져 8월쯤에는 얼굴 전체를 흠씬 두들겨 맞은 것처럼 아팠다.

월급을 받자마자 일단 집부터 구했다. 당시에 돈을 버는 유일한 이유는 소음에서 벗어날 곳을 찾기 위함이었다. 간신히 4층 원룸 건물의 옥탑을 구했고, 4층에는 집주인 부부만 사는 구조였다. 설사 아래층에서 소음이 나도 집주인이니까 대화로 풀 수 있을 것이란 기대를 했다.

하지만 기대는 기대일 뿐이었다. 이사할 때는 없었던 집주인 아들 하나가 들어왔다. 밤 12시 전후로 그는 온갖 소음을 만들어냈다. 나는 호소했고, 언쟁도 했다. 그러나 그들은 나를 이상한 사람 취급했다. 세입자는 집주인 눈치를 보며 살아야 한다고 여기는 사람들이었다. 그들과 함께 불안은 나의 주인을 넘어 나의 '왕'이 되기 시작했다.

중국 작가 라오서는 『루어투어 시앙쯔駱駝祥子』에서 인력거꾼인 시앙쯔가 가혹한 노동 조건 속에서 병들어가다 비참하게 죽는 과정을 그렸다. 현대판 인력거꾼이었던 나도 시앙쯔처럼 병들어갔다. 지독한 악역들과 만났기 때문이다. 새벽 6시 30분에 출근해서 밤 12시가 다 되어 퇴근하는 날이 대부분이었다. 총무과 담당 직원은 내게 잡무를 시켰고, 나는 낮에 기사 대기실에서 잠도 잘 수 없었다. 그는 '갑질 좀 하면 어때?'라는 말을 공공연히 하고 다녔다.

사장은 밥 한 끼 먹으러 대전까지 갔다가 '성경 공부 모임'에 맞추려고 일부러 경부고속도로의 정체 시간에 출발하자고 했다. 그 시간에 잠을 자기 위해서였다. 그는 독실한 기독교인으로서, 자신이 직원들과 소통하고 있다고 믿었다. 『서유기』에는 '곧고 또 곧은 척하는 이는 믿지 말고, 어진 척하나 어질지 못한 이는 피하라莫信直中直, 須防仁不仁'는 격언이 나온다. 하지만 먹고사는 문제 앞에서 이런 경구는 무기력했다.

나를 더 괴롭힌 것은 육체적인 피로보다 이런 정신적인 스트레스였다. 2013년 12월이 되자 발바닥에 통증이 나타나 걷기 어려워졌다. 하루의 대부분을 운전만 했는데 왜 발바닥이 아프게 되었을까? 얼굴 통증처럼 '신경'에 문제가 생긴 것이었다. 곧 전립선도 아파 통증은 폭발하기 시작했다. 체력은 급속히 고갈되어 주유소에서 주유원이 기름을 넣는 동안 잠이 들기도 했다.

그러던 2014년 4월쯤이었다. 대전의 한 호텔에 출장을 갔던 사장은 자신을 태우고 왔던 나를 다시 서울로 올려보냈다. 호텔 숙박비를 아끼기 위해서였다. 기차를 타고 혼자 서울로 왔던 나는 저녁에 상한 음식을 먹고 심한 식중독과 장염을 앓았다. '세월호 참사'가 일어났을 때, 진상 규명을 요구하는 사람들을 '빨갱이'라고 욕하는 소리를 들으며 운전을 했다. 5월에 나는 차마 더는 참을 수 없어 차와 사장을 대전에 그대로 둔 채 그냥 서울로 올라와버렸다.

운전기사 일을 그만두고 혼자 옥탑방에서 고열에 시달렸다. 2~3일은 열이 나고 1~2일은 열이 내리는 이상한 증세가 한 달 넘게 이어졌다. 가족들에게 또 백수가 되었다는 말을 듣기가 싫어 참아냈다. 어차피 나를 간호해줄 사람도 없었다. 그리고 다시 한 달 동안 불면증에 시달렸고, 곧바로 식도와 위장이 뻣뻣해지고 쓰리기도 한 증세가 나타났다. 내과 의사는 위경련과 위염이라고 했지만, 약이 듣질 않았다. 한의사는 나에게 '계지복령환桂枝茯苓丸'이란 약을 소개해주었다. 효과가 있어 사전을 찾아보니 다음과 같이 설명하고 있었다.

> 태아가 배 속에서 죽어 그 기氣가 심장으로 치밀어 답답하여 죽을 것 같은 것이나, 좋지 않은 음식이나 약초를 잘못 먹어 태기胎氣를 상한 것을 치료하는 처방.

통증은 점점 심해졌다. 오전에 몸 뒤쪽에 침을 맞고, 오후에는 다른 한의원으로 가서 몸 앞쪽에 또 침을 맞았다. 침 몸살로 현기증이 일어 길을 가다 쓰러지기도 했다. 책을 읽으려고 앉으면 허리 통증이 너무 심해 앉아 있을 수가 없었다. 책을 읽을 수 없다는 것은 내게 치명적이었다. 벽에 포스트잇을 잔뜩 붙이고, 선 채로 짧은 글이나 시를 쓰며 고통을 잊어보려 애썼다. 2014년 겨울 나는 그렇게 간신히 버티고 있었다.

영국 수상 윈스턴 처칠의 연설문을 벽에 적어놓고 주문을 외듯 읽었던 기억이 난다. 그는 전쟁이 한창이던 1941년, 졸업식 축사를 위해 모교를 방문했다. '만약 네가 성공과 재앙을 만나더라도, 그 둘이 사실은 같은 것임을 알 수 있다면'이라는 키플링의 시를 인용해 연설을 시작한 그는, 짧지만 강렬한 축사를 남겼다. 국립 처칠 박물관 홈페이지에 있는 그 연설문의 일부다.

> 우리가 지난 10개월 동안 겪었던 일들이 주는 교훈은 바로 이것이 분명합니다. 절대로 굴복하지 마라Never give in! 절대로 굴복하지 마라! 절대로! 절대로! 절대로! (…) 오직 예외가 있다면 우리의 명예와 양심에 따른 확신이 있을 때뿐. 그렇지 않다면 절대로 굴복하지 마라! (…) 적들의 압도적이고 강력한 무력이 우리에게 닥쳐온다 해도, 절대로 굴복하지 마라! 바로 이것입니다.

# 7.

# 잔인한 웃음소리

앞에서 나는 2015년 초에 안동으로 갔던 이야기를 했다. 그때 '목숨을 건 모험'이라는 표현을 썼는데, 2014년 겨울의 내 상태를 감안한다면 공감할 수 있을 것이다. 그 시절에는 '내가 이래도 왜 죽지 않을까?' 싶을 만큼 심신의 상태는 극단으로 치닫고 있었다.

안동의 시골에서는 마을의 가장 외곽에 있던 '폐가'를 하나 구해 살았다. 불편했지만 소음의 고통에서 벗어날 수 있다는 희망 하나로 내린 선택이었다. 오랜만에 나는 고요를 만날 수 있었다. 아일랜드 가수 밴 모리슨은 「이곳의 고요So quiet in here」에서 '오, 이것이 중요한 모든 것임에 틀림없어. 이곳의 이 고요, 이 평화라니!'라고 노래했다.

그런데 얼마 지나지 않아 상상도 못 했던 일이 일어났다. 옆집에 사는 70대 노부부가 새벽 5시가 안 된 시각에 마당에서 큰 소음을 내기 시작했다. 그저 농사일을 준비하는 정도가 아니었다. 알고 보니 그들은 집 마당을 공장으로 운영하고 있었다. 곧 지붕에서 쥐들이 기어다녔고, 뒷집에서는 개들이 큰 소리로 짖어댔다. 집을 구할 때는 그렇게 조용하던 폐가가 거대한 소음들의 한복판에 놓이게 되었다.

시인 김광림은 「갈등」에서 '허탕을 치면 바라보라고, 하늘이 저기 걸려 있다'고 했지만, 나는 멍하니 하늘을 바라보며 '소음이 나를 따라다니는가, 아니면 내가 소음이 있는 곳을 찾아다니는가?'라는 곤혹스러운 의문을 품지 않을 수 없었다. 소음에 시달린 지 15년이 지나고 있었다. 어디를 가도, 어떤 형태의 주택에 살아도 그 고통에서 벗어나지 못하고 있는 현실을 나의 이성과 논리로는 더 이상 해석하기가 어려웠다.

이런 이야기를 들으면, 사람들은 '운명' '팔자'라는 말을 즉각 떠올릴 수도 있다. 나 역시 그런 생각을 해보지 않은 것은 아니었다. 하지만 내가 안동의 시골 마을에서 자각하지 않을 수 없었던 그 끈질긴 '반복과 재연'은, 심각한 트라우마를 겪는 대부분의 사람에게 공통적으로 나타나는 현상이었다.

미국의 심리치료사 피터 레빈의 『내 안의 트라우마 치유하기』에 소개된 사례다. 1980년 7월 5일 오전 6시 30분, 편의점에 권총 강도로 보이는 한 남자가 들었다. 겨우 몇 달러 정도만 가지고 나간 그 남자는 근처 차 안에서 곧 경찰에 체포되었다. 권총이라고 보였던 것은 사실 주머니 속의 손가락이었다. 경찰이 그의 기록을 살펴보자 그는 이미 여섯 차례나 비슷한 사건을 일으켰는데, 문제는 날짜와 시각이 항상 같다는 것이었다. 알고 보니 그는 베트남 참전 군인이었고, 경찰은 그를 상담사에게 보냈다. 그는 베트콩에 포위되어 중대원 전원이 사살당한 상태에서 전우 한 명과 함께 밀림에서 밤을 보낸 경험이 있었다. 이튿날인 7월 5일 오전 6시 30분, 함께 있던 전우마저 총에 맞아 죽게 되면서 이는 그에게 트라우마가 되었다.

독일의 의사이며 심리학자인 라이너 체흐네는 『행복 앞에 선 자의 불안』에서 자신이 만나는 환자들이, 어느 순간 자신들이 의식적으로는 전혀 원치 않는 상태, 불만과 불안의 상태로 돌아가버리는 모습을 언급했다. 치밀하고 장기적인 연구를 통해 그가 내린 결론은 이것이었다. 인간은 어떤 트라우마를 거쳤든 거기서 살아남았다면, 그 트라우마를 통해 인격의 중요한 부분을 형성하게 되고, 따라서 그 트라우마를 무의식적으로 반복하려는 경향을 갖게 된다는 것이다. 나는 이 책을 읽으면서 식은땀을 흘렸다.

미국 정신의학과 교수인 주디스 허먼은 트라우마에 관한 고전으로 꼽히는 책 『트라우마』에서 트라우마로 고통받는 사람들의 공통된 증상을 다음의 세 가지로 정리했다. 과각성hyper-arousal, 침투intrusion 그리고 억제constricton다. 이 중 침투라는 개념을 다음과 같이 설명했다.

> 재연에는 무언가 기묘한 구석이 있다. 의식적으로 선택한 행동일지라도 의지와는 무관하다는 느낌이 든다. 위험하지는 않을지라도 그렇게 하지 않고는 못 배기게 만드는 강제적 특성이 존재한다. (…) 정신분석학자인 폴 러셀은 (…) 트라우마의 재연은 '트라우마에서 회복되기 위해서 개인이 반드시 느껴야만 하는 것'이라고 보았다. 그는 반복 강박이 트라우마 순간의 압도적인 느낌을 다시 체험하고 이를 통제하려는 시도라고 본다.

내가 공동주택의 소음을 스트레스가 아닌 트라우마로 인식할 수밖에 없었던 최초의 계기는 물론 만성불안이었다. 하지만 이 문제의식에 결정적인 단서를 제공했던 것은 바로 이 무의식적인 반복과 재연이라는 부정할 수 없는 현상이었다. 내가 아무리 소음을 피하려 애써도, 결국 나는 그러한 소음이 일어나는 곳을 나도 모르게 찾아다니고 있었다.

더불어 이 반복과 재연의 문제를 더 복잡하게 만드는 점은, 내가 소음으로 처음 고통받기 시작했을 때 인간적인 배신, 몸의 통증, 경제적 곤란, 가족의 불운을 같이 겪고 있었다는 것이다. 이 말은 내가 반복하고 재연하는 것이 단지 소음을 찾아다니는 것만이 아닐 수 있다는 뜻이다. 나머지 문제들도 어김없이 같이 나타날 수 있었다.

어쨌든 내 문제를 단지 스트레스로 보는 것과 트라우마로 파악하는 것은 '용어 차이'로 끝나는 게 아니다. 트라우마로 고통받고 있는 사람은 무엇보다 스스로 그 고통의 질곡에서 빠져나오기가 너무 어렵다는 점을 깨닫는 것이, 바로 이 구분의 가장 중요한 의미다. 어떤 상처가 트라우마로 뿌리내리게 되는 것은 바로 이 '차이에 대한 구분'이 이루어지지 않기 때문이라고 생각한다.

예를 들어 만일 혼자 산속에서 다리가 삐거나 근육통이 발생한 사람이 있다고 하자. 이 사람은 어느 정도 고통스럽지만 자기 힘으로 의료 기관이나 집을 찾아갈 수 있고, 그래도 큰 문제가 없다. 그런데 다리가 부러진 사람은 어떨까. 이 정도의 상처가 발생했을 때는 아예 움직이지도 말아야 하고 움직일 수도 없다. 설사 초인적인 의지를 발휘해 자기 힘으로 움직인다 해도, 도움을 받을 수 있는 곳으로 혼자 움직이는 과정 자체가 상태를 더 악화시키고 만다.

감기와 바이러스성 전염병, 단순한 종양과 악성종양, 일상의 우울한 기분과 병리적인 우울증, 스트레스와 트라우마를 구분하지 않을 경우, 그 결과는 그래서 매우 참혹하다. 당사자에게도 위험하지만, 가족이나 친구들도 도울 수 있는 것이 점점 줄어들게 된다. 나쁜 의미의 '운명'이 이때 등장한다. 그저 운명에 맡기게 되는 것뿐이다.

앞서 말한 피터 레빈의 책에는 트라우마 환자들의 공통점에 대한 또 다른 언급이 있다. 너무나 큰 고통을 받았는데도 당사자는 오히려 그 순간 고통을 잘 느끼지 못했다는 것이다. 어떤 고통이 당사자가 그것을 감당할 수 없을 정도로 압도적인 것일 때, 인간을 포함해 모든 생명체는 그 앞에서 오히려 무감각해질 수 있다.

일종의 역설이라고 할 텐데, 심리학에서 말하는 '해리解離, Dissociation' 현상이 발생할 수 있다. 『현대 이상 심리학』에서 권석만은 감당하기 어려운 정신적 외상으로 사람의 의식이나 기억의 통합이 깨져버리고 단절된 상태를 해리라고 설명한다. 이럴 경우 자신이 고통스러웠다는 기억 자체가 흐릿해지지만, 그 고통의 기억은 내면의 아주 깊은 곳으로 숨어들어 이후 삶에 많은 영향을 미치게 된다.

레빈은 트라우마를 치유하기 위해서는 반드시 그때의 고통을 직접 다시 느껴야 한다고 강조한다. 고통의 순간 고통을 고통으로 느끼지 못해서, 단순한 문제로 끝날 수도 있었던 것이 트라우마가 되어버렸기 때문이라는 것이다. 무의식적인 반복과 재연이라는 트라우마의 그 미스터리한 현상의 기저에는, 의식적으로 그 고통을 다시 경험해야만 그 고통에서 벗어날 수 있다는, 생명 차원의 준엄한 질서와 명령이 담겨 있는 것일까.

이러한 앎에 다가갈수록 나는 정말 두렵지 않을 수 없었다. 많은 전문가가 일관되게 전하는 이러한 사실은 어쩌면 다음과 같은 것일지도 몰랐기 때문이다.

내가 지난 20년 동안 마음과 몸의 고통에 시달린 것이 아니라, 오히려 마음과 몸의 고통을 제대로 느끼지 못하는 고통에 시달렸다는 것이다. 그토록 오랫동안 고통 속에서 살아왔다고 생각했지만, 내가 느껴야 할 더 큰 고통이 여전히 남아 있다는 너무나 잔혹한 메시지였다. 아, 혼자서 이러한 결론에 이르렀을 때의 내 심정을 너는 상상하기 힘들 것이다.

앞서 말한 어머니가 내게 들려주셨던 꿈 이야기처럼, 나는 안동에서 실제로 거의 죽어가다가, 이 자각으로 인해 꿈틀거리며 다시 일어날 수 있었다. 이 자각 역시 고통스러웠지만, 무엇인가 아직 내가 모르는 것이 있다는 느낌, 아직 내가 더 배워야 한다는 각오는 어쨌든 나를 더 견디게 해주었다.

물론 반복과 재연의 고난이 꼭 심각한 트라우마를 겪는 이들에게만 나타나는 현상이라고 볼 수는 없다. 누구라도 삶을 깊이 통찰해보면, 자신의 삶이 어떤 일정한 패턴을 띠고 오랫동안 반복되고 있다는 것을 인정하게 된다. 자연계에서도 같은 무늬나 패턴이 반복되고 변형되면서 무한히 이어져나가는 '프랙털fractal' 현상을 찾을 수 있다.

삶이 자신이 원하는 대로, 자신이 계획한 대로 흘러가는 경우가 과연 얼마나 되겠는가? 불안과 질병, 경제적인 문제와 인간관계의 고통을 겪어보지 않은 사람을 과연 찾을 수 있는가? 또 그러한 문제가 한두 번으로 끝나고 마는 사람이 과연 있을까? 이러한 삶의 일반적인 모습은 트라우마가 단지 하나의 구체적이고 심각한 질병만을 의미하는 것이 아니라, 우리 삶의 보편적이고 근원적인 조건을 가리키는 상태임을 암시하는 것일 수 있다.

생각을 이런 식으로 확장하면 여기서 철학의 문제들이 등장한다. 밀란 쿤데라는 『참을 수 없는 존재의 가벼움』을 이렇게 시작했다.

> 영원한 회귀란 신비로운 사상이고, 니체는 이것으로 많은 철학자를 곤경에 빠뜨렸다. 우리가 이미 겪었던 일이 어느 날 그대로 반복될 것이고, 이 반복 또한 무한히 반복된다고 생각하면, 이 우스꽝스러운 신화가 뜻하는 것이 무엇일까?

니체는 『차라투스트라는 이렇게 말했다』에서 실제로 이 삶의 반복성을 자신의 중심 사상으로 선포하기도 했다. 카뮈는 『시시포스 신화』에서 그리스 신화에 나오는 시시포스의 형벌을 역설적으로 해석함으로써 시시포스를 고통받는 인간의 전형적인 모습이라고 설명했다. 그는 비록 인간이 시시포스처럼 영원한 반복의 굴레에서 벗어나지 못한다 해도, 절망하지 않고 계속 움직인다면 결국 승리자는 신이 아니라 인간이라고 주장했다. 큰 바위를 산꼭대기로 끊임없이 밀어 올리는 과정 자체가, 신들은 경험해본 적 없는 삶의 기쁨을 준다고 말했다.

하지만 나는 카뮈의 시시포스도, 니체의 차라투스트라도 되고 싶지 않았다. 세상의 모든 일은 어떠한 경우에도 최소한 두 가지 이상의 해석이 가능하다. 순종할 수도, 저항할 수도 있다. 긍정할 수도, 부정할 수도 있다. 신형원은 '아무리 우겨봐도 어쩔 수 없네. 저기 개똥 무덤이 내 집인걸'이라고 노래했지만, 나는 소음으로 가득한 집이 내 영원한 집이 되는 것을 그대로 보고 있을 수 없었다. 만성통증과 가난의 굴레에서 계속 살아야 하는 암담한 현실도 받아들일 수 없었다.

카를로스는 『익스틀란으로 가는 길』에서 후앙 마투스의 서릿발 같은 말을 전한다. 그는 고통스러운 현실의 반복과 재연을 하나의 운명으로 받아들이는 것을 두고, '자신의 상처를 핥고 있는 자의 변명'일 뿐이라고 일갈했다. 그것은 위장된 '탐닉indulgence'에 불과하다는 것이다. 꼭 그의 가르침이 아니더라도, 나는 내가 헤매고 있는 고통의 미로에서 어떻게든 탈출구를 찾을 수 있으리라는 믿음을 포기하기 어려웠다.

안동에서 올라와 광명시의 한 옥탑방을 구했을 때, 그러나 나는 또 한 번 트라우마가 반복되고 재연되는 것을 무기력하게 지켜볼 수밖에 없었다. 계약을 하기 전 며칠에 걸쳐 낮에도 가보고, 밤에도 가

보면서 무척이나 신중하게 고른 집이었다. 그러나 이사한 바로 그날 밤부터 나를 비웃는 트라우마의 잔인한 웃음소리를 들어야만 했다.

곧 새로운 몸의 증세들이 소음 문제와 협주를 하듯 나타났다. 다리와 목, 등의 피부에 이상한 발진이 나기 시작했고, 양쪽 가슴 근육에도 참을 수 없는 통증이 나타났다. 다리에서 그나마 통증이 없었던 무릎도 아프기 시작했고, 오른쪽 엉덩이 근육의 통증이 심해져 걷는 게 더 힘들어졌다.

사는 집에서 소음에 시달리고 몸이 더 아파지면 가족에게 어떤 문제가 일어나는 일 역시 반복되었다. 그해 가을에 어머니가 또 암 진단을 받았다. 이번에는 폐암이었다. 하늘이 무너져 내리는 기분이었다. 길거리에서 고래고래 소리를 지르며 욕을 했다. 지나가는 사람들이 미친 사람을 보듯 나를 피해 멀찍이 돌아갔다. 내 트라우마의 복잡한 양상이 단 한 번도 어김없이 반복되고 재연되는 것을 지켜본 지 16년째였다.

어머니는 두 번째 암 수술 이후 수면제도 듣지 않는 심한 불면증으로 고생을 하셨다. 가족들에게 나는 여전히 백수였다. 누군가 아프면 내가 돌보는 것을 가족들은 당연하게 여겼다. 나는 후들거리는 내 몸을 감춘 채, 어머니를 모시고 이곳저곳 병원을 다녀야 했다.

5년이나 끊었던 담배를 다시 피우기 시작했다. 낮에 방에 있을 때의 불안이 싫어 길거리에 혼자 앉아 있으면, 세상과 나 사이에 투명한 막 같은 게 있는 것처럼 느껴졌다. 내가 세상을 보고 들을 수는 있었으나, 세상 속으로 들어가지는 못했다. 밤에는 문밖에 누가 나를 데리러 와 있는 것 같은 느낌이 들 때도 있었다. 그것은 누군가의 뒷모습이었다. '여기까지인가……'라는 생각이 들던 나날이었다.

그렇게 내가 임박한 추락을 예감하고 있던 어느 날, 문득 첫째 조카에게 전화가 왔다. 내게는 네 명의 조카가 있는데, 그들은 내가 세상을 완전히 다른 눈으로 볼 수 있게 해준 소중한 존재들이다. 첫 조카가 태어나기 전까지 나는 어린아이들을 좋아하지 않았다. 하지만 내 품에 안긴 갓난아기를 보면서, 처음으로 '생명' '공감' '배려' '평화'와 같은 가치들에 눈뜨기 시작했다.

당시 형과 형수는 이혼 직전의 상태였던 터라 조카는 내게 위로를 구해왔다. 나는 이야기를 들어주는 것밖에는 할 수 있는 일이 없었다. 전화를 끊고 나서 내가 만일 여기서 무너진다면 이 아이에게, 또 다른 세 명의 조카에게 어떤 상처를 남길지 생각해보았다. 내 상처가 사랑하는 사람들에게 옮겨져 상처가 되는 것은 도저히 받아들일 수 없었다.

그해 12월, 나는 '직업상담사 자격증'을 취득하기로 결심했다. 살기 위해 다시 이를 악물어보기로 했다. 학원을 오갈 몸 상태가 아니었기에 방에서 인터넷 강의를 들었다. 책을 보다 한의원에 가서 침을 맞고, 또 책을 보다 내 손으로 아픈 몸을 주무르는 생활을 석 달 정도 했다. 그러다보니 손이 너무 아파 홍두깨와 테니스공을 구해 벽이나 바닥에 대고 몸을 문지르기도 했다. 학원에서는 자격증 취득에 보통 1년을 잡았지만, 내 몸 상태로는 한 번에 합격하든가, 포기하든가 둘

중 하나였다. 나는 첫 시험에서 자격증을 땄지만, 그때 내 나이 마흔일곱, 취직은 되지 않았다.

2016년 여름, 수십 군데에 이력서를 넣어도 면접 한번 볼 수 없어 절망하고 있던 내게 얼굴 통증이 재발했다. 처음 통증이 생겼을 때 치료받았던 한의원으로 왕복 네 시간을 오가며 침을 맞았으나 이번에는 효과가 거의 없었다. 모든 것을 체념하고 있던 12월, 이력서를 넣었는지 기억도 못 하고 있던 회사에서 채용됐다고 연락이 왔다. 그렇게 안양으로 이사를 하고 직업상담사 생활을 시작했다.

여기서도 좋은 사람들을 만나지 못했다. 꼭 믿었던 사람들로부터 외면받고 배신당하는 것뿐만 아니라, 돈을 벌기 위해 어렵게 구한 직장에서 이상한(?) 사람들을 만나서 고통받는 일 역시 반복되기만 했다. 그리고 그러한 조건은 실직과 경제적인 곤란으로 이어질 수밖에 없었다. 20대와 30대 여성이 대부분인 회사에서 40대 후반의 남자인 나는 늘 배척의 대상이 되었다. 그들은 마치 영화에서 악역을 맡은 사람들처럼 나를 모함한다고 여겨졌다.

원룸 건물의 꼭대기 층 방을 구했다. 아래층 사람은 내가 잠들어야 할 때쯤 일어나 생활했고, 그 아래층 사람은 하루 종일 집 안에서 끊임없이 소음을 만들어냈다. 건물을 도대체 어떻게 지은 것인지, 다른 집에서 수도를 틀면 내 방에서 딱딱거리는 마찰음이 들렸다.

제대로 된 휴식과 수면을 취할 수 없었다. 얼굴 통증 치료는 포기하고 대신 손으로 얼굴을 문질렀다. 이때 이후로 나는 항상 손으로 얼굴을 문지르는 습관이 생겼다. 얼굴뿐만 아니라 온몸에 이글거리는 통증으로 퇴근하자마자 한의원으로 달려가 매일 침을 맞아야 간신히 버틸 수 있었다. 일요일에도 문을 여는 한의원이 있으면 찾아갔다. 얼마나 침을 맞아댔는지, 수입 대비 의료비가 과도하다며 건강보험공단으로부터 몇백만 원의 환급금을 받기도 했다. 한번은 더 좋은 조건의 일자리를 제안받았으나, 근처에 퇴근하자마자 가서 침을 맞을 수 있는 한의원이 없어 포기했다.

직업상담사 업무는 당시 내 체력으로 감당하기 힘들었다. 취업과 관련된 상담에 머물렀지만, 나는 힘들어하는 사람들의 얘기를 들으면서 적당히 사무적인 처리만 할 순 없었다. 내가 생각할 때는, 상담사가 온전한 상담을 진행하려면 건강한 상태여도 하루에 3~4명을 넘기지 않는 것이 좋다. 하지만 회사나 고용노동부에는 그런 기준 자체가 없었다. 하루에 10명이 넘는 사람과 상담할 때도 있었다. 이 정도면 정상적인 상담은 불가능했다. 차라리 기계가 처리하는 게 더 나았을 것이다. 결국 나는 겨우 1년을 채운 시점에서 어렵게 들어갔던 회사에 사표를 냈다.

한번은 노숙인들에게 직업 상담을 제공하고 직업을 찾아주는 한 시민단체에 면접을 보러 갔었다. 그곳은 지자체의 재원에 의존하고 있었는데, 일정 수준 이상의 취업률을 확보하지 않으면 시의 재원이 바로 끊기는 구조였다. 그것은 병원에 온 환자들의 치료율을 일정 수준 이상 확보하라는 것과 같은 일종의 폭력이었다. 나는 그냥 돌아오고 말았다. 희망을 잃어버려 노숙인이 된 사람들에게 희망을 강요하는 일을 할 수는 없었기 때문이다.

어쨌든 먹고살아야 했으므로 직업상담사 일자리는 계속 찾아보았다. 그러나 안양에서 파주로, 파주 안에서 또 다른 업체로 몇 번의 이사와 이직을 하는 동안에도 트라우마의 그 잔인한 반복과 재연에서 벗어나지 못했다. 파주에서는 '셰어 하우스Share House'라는 곳에서 살아보았다. 아파트 하나를 네 명이 빌려서 같이 사는 형태였는데, 다행히 소음은 적은 편이었다. 그런데 같이 사는 사람들이 나와 맞지 않았다. 이제는 내가 사는 집 안에서의 소음이 나를 괴롭혔다. 산 너머 산이었다.

파주의 첫 번째 직장에서 만난 내 상사는 결재 서류를 열 번이나 트집 잡아 되돌려주는 사람이었다. 마지막으로 내가 아무것도 수정하지 않은 서류를 그대로 다시 갖다주자, 그는 '진즉에 이렇게 결재를 올렸어야지!'라면서 만족스러워했다. 이제는 악역을 넘어서서 더한 사람들이 나타나기 시작했다.

파주의 두 번째 직장에서는 나 혼자 남자였다. 나는 그곳에서 집단 광기를 생생하게 경험했다. 규정대로 하면 관례를 요구했고, 관례대로 하면 규정을 요구했다. 내가 어떤 직장에 들어가면, 그곳 사람들 중 유일하게 대화가 되고 내가 '좋은' 사람이라고 인정했던 이가 한 달 내에 퇴사하는 일마저 반복되었다. 그것은 그 직장에 좋은 사람이 없다는 일종의 경고 같은 것이었다.

계속 다닐 수도 그만둘 수도 없어 살 집을 구하기가 곤혹스러웠다.

근처에는 고시원도 없었고, 직장에서 쫓겨날 가능성도 고려해야 했다. 앞서 말했던 것처럼, 고민 끝에 그 회사의 사무실에서 살아보는 실험을 시작했다. 그때가 4월이라 난방 없이 자기는 조금 추웠지만 선택의 여지가 없었다.

이때부터 잠자는 시간을 제외하고는 초기 불교 경전인 『니카야』의 방대한 문헌들을 읽기 시작했다. 고통에서 벗어나는 길을 깨달은 사람의 이야기를 읽으며, 나는 현실의 고통과 싸워야 했다. 2018년 6월 결국 회사를 그만두었다. 사실상 해고였다.

갈 곳이 없어 서울로 돌아와서도 고시원을 전전하던 나는 진료확인서 한 장을 떼러 어느 병원에 갔다가 '영업 방해와 공무집행 방해' 혐의로 몰려 경찰에 체포, 구금되는 수난까지 겪었다. 경찰에 의해 양팔이 뒤로 꺾인 채 수갑에 채워져 경찰서로 끌려갈 때 지나가는 사람들이 수군거리며 나를 지켜보았다. 그때 내게는 '이제 더 버티지 말고 그만 죽어라!'라는 목소리가 어디선가 들리는 것 같았다.

그 후 검찰의 무혐의 처분으로 내게 아무 잘못이 없었다는 것이 입증되었다. 하지만 그 말도 안 되는 일을 겪고 난 직후 나는 세상살이에 진저리쳤다. 세상 일들이 못 견디게 역겨울 때, 고타마가 썼던 '염오染汚'라는 말이 온몸으로 느껴졌다.

언제까지일지는 정하지 않았지만, 일을 찾거나 돈 버는 것을 아예 하지 않기로 결심했다. 2018년 가을이 끝나갈 무렵이었다. 이 결심을 하고 나자 아무렇지도 않던 어금니 하나가 한 사나흘 아프더니 한순간 두 조각으로 쪼개져버렸다.

그러나 정말 내 삶에는 오직 악역이나 미친 사람 역을 맡은 이들밖에 없었던가? 기억해보면 분명 20대까지는 학교나 직장에서 영화 「좋은 놈, 나쁜 놈, 이상한 놈」의 세 부류와 '그저 그런 놈'이 공존하고 있었다. 그러다 트라우마가 시작된 30대에는 좋은 놈이 확연히 줄기 시작했다. 마침내 가장 고통스러웠던 40대에 이르자 극소수의 좋은 놈을 제외하고는 내 주위에 나쁜 놈과 이상한 놈만 남았다.

심지어 장을 보거나 산책할 때, 운전을 하거나 목욕탕을 갈 때처럼 평범한 일상 속에서도 '왜 이렇게 나를 괴롭히는 사람이 많을까?'라며 절망하게 될 정도였다. 그들은 어둠 속에서 빛을 발견한 부나방들처럼 달려들었고, 사람들과 마주치는 것 자체가 내겐 고통이었다. 고타마는 『상윳타 니카야』 「대열뇌(대번뇌) 경」에서 지옥을 다음과 같이 설명했다.

> 비구들이여, 대열뇌라는 지옥이 있다. 거기에는 눈에 보이는 형상은 무엇이든지 원하지 않는 것만 보이고, 원하는 것은 보이지 않는다. 좋아하지 않는 것만 보이고, 좋아하는 것은 보이지 않는다.

우리가 알고 있는 불교의 지옥들, 예를 들면 불지옥, 칼지옥 등은 고타마의 제자들이 인도의 설화들을 가져와 설법을 위한 일종의 방편으로 만들어놓은 것이다. 내가 놓친 것이 있을지 모르나, 『니카야』

의 문헌을 다 뒤져도 고타마가 직접 지옥에 대해 설명한 것은 이 짧은 경이 전부다. 고타마는 불이 타오르는 것처럼 뜨거운 열이 나는 마음의 상태, 즉 번뇌pariḷāha가 지옥이라고 말했다.

고타마는 자신의 죽음을 기록한 『디가 니카야』 「대반열반경」에서 지옥이라는 뜻의 단어로 'niraya'를 사용하기도 했는데, 이것은 '밖으로 떨어져나가다'라는 뜻이다. 불교의 영향으로 우리나라 사람들이 상상하는 지옥의 이미지는 매우 다양하지만, 실제로 자신이 원하지 않는 상태가 오랫동안 이어지고, 그 결과로 자신이 속한 공동체에서 떨어져 나간 상태가 고타마가 말하고 싶었던 지옥의 본질이었다. 그렇다면 나는 최소한 20년은 지옥에서 살았던 셈이다.

안양에서 직업상담사로 일할 때, 혹시나 하는 마음으로 직장 동료 한 명에게 내가 암환자라고 말한 적이 있었다. 거짓말은 나쁜 것이지만, 나에게 가해지는 집단 괴롭힘이 극심했기 때문에 스스로 일종의 보호벽을 쳐놓고 싶었다. 실제로 내 몸 상태는 암환자보다 나을 것이 전혀 없기도 했다. 나는 그 직장 동료에게 두 달만 더 회사를 다니고 암 치료에 전념하고 싶다고 말했다. 그러나 그는 내가 과로로 사무실에서 쓰러졌을 때 '바빠 죽겠는데 왜 건강하지 못해서 귀찮게 하느냐?'며 짜증을 냈고, 그 두 달이 채 가기도 전에 나는 사표를 낼 수밖에 없었다. 사실상의 해고였다.

이런 이야기들은 그러나 내가 트라우마로 고통받으면서 사람들로부터 겪어야 했던 일들 중 '말랑말랑한' 것에 속한다. 정말 '험악하고 날이 서 있는' 이야기들은 너에게 하고 싶지 않다. 나 역시 괴롭고, 내가 이렇게 사람들의 괴물 같은 모습에 상처받았으나, 이러한 현실이 내가 감당해야 할 트라우마의 한 양상이라는 것을 이제는 조금 알아차리고 있기 때문이다. 그들을 원망하고 싶지는 않다.

장자는 '사람의 마음은 험하기가 산천보다 더하고, 그 알기 어려운 것이 하늘보다 더하다人心險於山川, 難於知天'라고 했다. 이 말을 나는 몸으로 배울 수 있었다. 누구라도 살아가면서 상황이 나빠지면 사람들에게 외면받고 무시당하는 경험을 하게 된다. 구약성서 「욥기」에 나오는 욥은 그러한 인간사의 경향을 잘 보여주는 전형이었다. 공자도 '추운 겨울이 와봐야 누가 내게 상록수 같은 존재인지 알 수 있다歲寒然後, 知松栢之後凋也'고 했고, 역사가 헨리 애덤스는 '힘 있을 때 친구는 친구가 아니다'라고 했다.

내 경우는, 믿었던 사람들로부터의 외면과 배신이라는 트라우마의 측면에, 그 트라우마가 만든 경제적 곤란이 더해져 자연스레 사람들이 나를 함부로 대하는 효과가 겹쳐졌던 것인지도 모른다. 가속도가 붙었거나 이중의 곤란이 발생했다고도 할 수 있다. 그러나 내가 트라우마를 자각하고 사람들로부터의 냉대와 괴롭힘을 견딜 수밖에 없는 문제로 받아들였다 해도 20년은 너무나 긴 시간이었다.

시인 라이너 마리아 릴케는 『젊은 시인에게 보내는 편지』에서 인간사의 미로 속에서 상처받지 말고 '사물들 속으로 걸어 들어가라'고 말하며 고독을 찬양했다.

> 당신의 고독이 크다는 것을 깨닫는다면 기뻐하십시오. (…) 고독의 성장은 마치 소년의 성장과 같아서 고통이 따르고, 봄이 시작될 때처럼 서러운 것이기 때문입니다. (…) 필요한 것은 오직 커다란 내면의 고독뿐입니다. 자신에게로 침잠하여 몇 시간이고 아무도 만나지 않는 것, 이것이 이루어지지 않으면 안 됩니다.

나는 릴케의 권고를 받아들였다. 물론 릴케를 읽기 전에도 나는 나무와 꽃, 새와 나비, 구름과 강을 조용히 바라보며 그들과 대화하는 것을 더 편안하게 생각했다. 사물들, 식물과 동물이 나에게는 친구였고, 사람보다 더 큰 위안을 주는 존재였다.

일단 돈을 버는 것을 포기한 후에는 어디든 살 집을 구할 수만 있다면, 깊은 산속 같은 곳에서 혼자 살고 싶었다. 하지만 아픈 몸을 치료하기 위해서 가족들, 특히 내 조카들을 만나기 위해서 나는 사람들이 사는 곳을 쉽게 떠나지는 못했다. 어떻게든 그들과 같이 살 수 있는 방법을 찾고 싶었다.

프리모 레비는 나치의 만행에서 살아남았던 자신의 삶에 화학에 대한 지식을 투영해 자서전 『주기율표』를 썼다. 그는 주기율표에 등장하는 원소들을 자신이 만났던 사람들에 비유했다. 예를 들면 좀처럼 외부 문화와 섞이지 않고 자신들의 전통을 지키며 살았던 이탈리아

피에몬테 지방의 유대인 선조들을, 원소들 중 다른 것과 거의 반응하지 않아 비활성기체라 불리는 '아르곤 원소'에 비유한다. 또 모든 것을 직접 몸으로 겪으며 우직하게 살았던 친구 산드로를 회상하며, 그를 '철 원소'에 비유하는 식이다.

레비는 나트륨 원소를 딱딱하지도 않고 유연하지도 않아 밀랍 같은 느낌의 부드러운 금속이라고 말했는데, 평소에는 조용히 있다가 물을 만나면 격렬하게 반응하면서 수소를 만들어낸다고 했다. 나는 이 책을 읽으면서 내가 나트륨 원소 같은 사람이 되었던 것은 아니었을까 하고 생각했다.

나트륨은 소금의 주성분으로 물을 짜게 만든다. 트라우마의 힘이 내가 만나는 사람들을 나와 격렬히 반응하게 하면서, 짜고 상처에 닿으면 쓰리게 하는 상태로 만드는 것일 수도 있었다. 내가 결코 원치 않는 힘이지만, 그것이 자리를 잡고 깊이 박혀서, 접촉하는 사람이나 관계하는 일을 내가 상대하기에 너무 힘들게 만들어버렸다면?

이러한 관점의 변화는 트라우마를 나와 완전히 분리된 '외부의 어떤 악'이 아니라, 나와 분리되지 않는 '내면의 문제'로 보게 하는 계기가 되었다. 다시 말해 내 삶의 고난에 다른 누구도 아닌, 나의 책임이 있다는 사실을 받아들이기 시작했던 것이다. 나는 거의 20년 동안 나를 괴롭혔던 문제의 구체적인 해결 방법을 찾는 데만 골몰했다. 이것은 병의 원인은 그대로 놔둔 채 증상만 치료하는 것과 같은 것일 수 있었다. 내 만성통증의 근본 원인을 찾지 않았던 의사들처럼, 나는 내 트라우마의 근본 원인을 찾지 않고 있었던 것인지도 모른다.

아직 이 가르침을 잘 실천하지는 못하지만, 이러한 번민 속에서 어느 날 읽었던 책 한 권이 큰 도움이 되었다. 카를로스는 사람들에게 지치고 상처받은 이야기를 한 뒤 후앙 마투스에게 다음과 같은 준엄한 충고를 듣고 스승의 그 말을 『무한한 세계의 얼굴』에 남겼다.

> 잘못된 것은 자네 주위에 있는 사람들이 아니야. 그들은 그들 자신을 도울 수 없어. 문제는 자네에게 있네. 왜냐하면 자네는 자네 자신을 도울 수 있기 때문이지. 그러나 자네는 사람들을 판단하고 싶어해. 겉으로는 침묵해도, 내면의 아주 깊은 곳에서는 그들을 판단하고 싶어하는 거야.
> 어떤 바보도 사람들을 판단할 수는 있지. 만일 자네가 그들을 판단하려고 한다면 자네는 그들의 가장 나쁜 것들만을 얻게 될 거야. 우리 모든 인간들은 어떤 감옥에 갇혀 있는 죄수와 같지. 그 감옥이 우리를 그렇게 비참하게 행동하도록 만드는 것이네. 자네의 진정한 도전은 사람들을 있는 그대로 받아들이는 것이야. 사람들을 그냥 내버려둬!

# 8.

# 받아들여지지
# 않는 자의
# 고통

나는 지금 길거리에 서서 이 글을 쓰고 있다. 서쪽에서 동쪽으로 차갑고 메마른 바람이 불고 있다. 그런데 내 머리 위로 동쪽에서 서쪽으로 바람을 가르며 날아가는 몇 마리 새가 보인다. 온몸으로 바람과 부딪히며 날아가는 그 새들을 바라보니 나는 내 삶에 오랫동안 불어왔던 차갑고 메마른 역풍이 기억난다.

내가 사는 곳에서 어김없이 소음이 들려오고 더 참을 수 없는 지경이 되면, 나는 그 소음이 나는 곳을 찾아가 사람들과 대화를 시도하곤 했다. 지금은 법으로 그런 행위를 못 하게 하고, 중재 기관의 중재를 먼저 요청하도록 규정하고 있다. 하지만 당장 오늘 밤 소음으로 인해 잠을 자기도 어려운 상황에서 그런 현실과 동떨어진 법규를 지킨다는 것은 참으로 황당한 일이 아닐 수 없었다.

2013년에 당시 현직 부장판사였으며 '인권'에 기초한 판결로 유명했던 한 사람이 공동주택 소음으로 이웃과 다투었다. 그는 그 후 아파트 지하 주차장에 있는 해당 주민의 차량 손잡이에 접착제를 넣어 잠금장치를 부수고 타이어도 펑크 냈다. 이 장면은 고스란히 CCTV에 찍혔다. 이 정도면 형사 처벌감이었지만 그는 사직서를 내는 것으로 처벌을 면했다. 아주 소수의 언론만 이 사실을 보도했다. 이 사건에서 보듯 현직에 있던 인권 판사도 지키지 못할 만큼 말도 안 되는 법규가 만들어지는 원인은 하나밖에 없다. 대화로 문제를 해결할 수 없을 만큼 공동주택의 소음 문제가 지금 한국 사회에서 너무 심각하기 때문이다.

만원 지하철 안에서 누가 네 발등을 밟고 있다고 하자. 그럼 너는 어떻게 하겠느냐? 중재 기관에 중재를 요청하겠느냐? 지금 당장 나에게 직접적인 고통이 오는데도 내가 그 고통을 회피할 수 없는 조건이다. 그럴 때는 그 고통을 주는 당사자에게 먼저 문제 제기를 할 수밖에 없고, 또 해야만 한다. 네가 그 사람에게 '당신이 지금 내 발등을 밟고 있으니 발을 좀 치워달라'고 정중히 요청했다고 하자. 그런데 그 사람이 '내 발 내가 놓고 싶은 곳에 놨는데 당신이 무슨 상관이냐? 싫으면 자가용을 타라!'라고 한다면 너는 어떤 마음이 들겠느냐? 내가 지금까지 20년간 공동주택의 소음으로 인해 당사자들과 대화를 시도했을 때, 거의 예외 없이 겪어야 했던 당혹감이 바로 이러한 것이었다.

아파트 층간소음이 한창 사회 문제가 되었을 때, 건축 전문가들은 TV 토론 프로그램 같은 곳에 나와 '기술적인 문제들'로 인해 소음으로부터 자유로운 공동주택을 건설하는 것은 어렵다는 말들을 했다. 이것은 사기다. 우리가 직장 사무실에서 일할 때 위층이나 아래층에서 나는 소음으로 고통받는 경우는 거의 없다. 건물을 어떻게 짓느냐에 따라 실제로 층간소음이나 옆집 소음을 상당히 줄일 수 있다. 아파트건 다세대 주택이건 사람이 휴식을 취하고 잠을 자야 하는 '주택'보다 일을 하기 위해 지은 '사무실 전용 건물'이 소음에서 더 벗어나 있다는 사실을 우리는 어떻게 받아들여야 할까?

그것은 단지 '돈' 때문이다. 우리나라는 세계적으로도 유례가 없을 만큼 땅값이 건축비에서 차지하는 비중이 높은 곳이다. 비정상적인 땅값의 부담으로 사람이 살 만한 공동주택을 짓지 못하는 것뿐이다. 물론 우리나라만의 문제는 아니지만, 우리나라의 경우 이 문제의 정도가 훨씬 심각하다.

헨리 조지는 1879년 발간된 『진보와 빈곤』에서 자본주의의 원리를 인정하되, 빈부 격차라는 근본 문제를 해결하기 위해서는 토지를 공유화해야 한다고 주장했다. 자본주의와 사회주의를 넘어서는 '제3의 길'이라 할 수 있다. 그는 노동과 산업 자본은 임금과 생산 이윤을 통해 건전한 생산에 기여하지만, 토지는 단지 그것이 위치한 '입지'만으로 지주에게 병적인 불로소득을 안겨줄 뿐이라고 비판했다.

즉 땅값이 오르면 오를수록 그 사회는 병들어갈 수밖에 없으며, 극소수의 부자를 제외하고는 사회 구성원 모두에게 고통이 돌아간다는 사실을 헨리 조지는 이미 19세기에 간파하고 있었다. 설사 그의 생각에 동의하지 않더라도 비정상적인 땅값이 우리 삶에 얼마나 부정적인 영향을 미치는지 우리는 경험을 통해 알고 있다. 사람이 쾌적하게 살 수 있는 공동주택을 짓지 못하는 것뿐만 아니라, 사회 전체의 물가 상승에 지가 상승은 절대적인 영향을 미칠 수밖에 없다.

그러나 많은 사람은 나라 전체의 땅값은 내려가도, 자신이 소유한 집이나 땅의 거래 가격은 계속 오르기를 바란다. 수도권이나 대도시에서 아파트라도 한 채 가지고 있는 사람들이 부여잡고 있는 집값 상승에 대한 열망은 종교적 신념까지 초월하는 경우가 많다. '노동'이나 '여성'과 같은 문제들은 강자나 가해자를 상대로 약자나 피해자가 연대하고 조직을 만들어 싸울 수 있는 것에 속한다. 그러나 '미친 땅값'에 뿌리를 두고 있는 공동주택의 소음 문제는 강자와 약자, 가해자와 피해자가 뒤죽박죽된 '혼돈의 구렁텅이' 자체인 것이다.

한국건축가협회가 발간한 『한국의 현대건축 1876~1990』은 경제개발계획이 본격화된 1970년대부터 우리나라에도 아파트가 빠르게 지어지기 시작했던 역사를 기술하고 있다. 그리고 군사 정권 시절인 1980년대 말, 수도권으로 몰린 인구를 감당하기 위해 소위 신도시에 대규모 아파트 단지를 폭발적으로 지으면서, 아파트나 중소형 공동주택이 초단기간 안에 우리의 지배적인 주거 형식으로 정착되었음을 지적한다. 이러한 한국의 건축사를 살펴보면, '미친 땅값'이라는 문제는 제쳐두더라도, 다른 어느 나라에서도 찾아보기 힘든 '급격한 속도'라는 문제가 등장한다.

인구 팽창과 땅값 상승으로 도시에 공동주택을 지을 수밖에 없었다 하더라도, 그 과정에서 거기에 걸맞은 '공동체 문화'가 정착될 여지가 없었던 것이다. 다시 말해 한국 사회는 삶의 질을 포기한 채 급격한 '양적 팽창'만을 추구해왔다. 다수의 전문가가 공동 집필한 『한국 주거의 사회사』는 공동주택 건설이 한국 사회의 모순과 그대로 연결되어 있다는 것을 지적하고 있다.

> 우리의 주거 환경에는 항상 사회적, 정치적 개념에서 파생된 적대와 모순, 그리고 갈등들이 내재되어왔다는 사실을 간과할 수 없다. (…) 한국의 주거 환경은 '근대화'와 '경제성장'의 과정에서 정치적인 힘과 경제적인 역학관계에 의해서 형성된 구조적인 산물이라고 볼 수 있다. (…) 그리하여 한국 사회가 그동안 경험한 여러 복합적인 상황을 주거 환경 속에 그대로 반영하고 있어, 세계의 어떤 나라에서도 찾아보기 어려운 매우 독특한 주거 양상을 지니게 되었다.

고대 로마 시대에도 이미 3~4층의 아파트가 보급되었던 유럽은 공동주택의 역사가 수천 년이 넘는다. 그럼에도 근대 유럽의 대표적인 철학자들이 공동주택의 소음을 피해 이사를 다녔다는 점을 볼 때, 공동주택에 필수적인 '공동체 문화의 실종'은 늘 골칫거리였다.

공동주택이 지배적인 주거 형태로 자리를 잡으면서 오히려 공동체 문화가 사라지기 시작했다는 역설은 참으로 비극이 아닐 수 없다. 인류의 문명은 '돈과 효율성'이라는 싸구려 열매를 얻으려고, '이웃과 배려'라는 돈으로도 사기 힘든 미덕을 내팽개쳐버린 것이다. 그런데 바로 그 비극이 한국이라는 사회에서는 불과 30년이라는 짧은 시간 동안 '초고속으로' 압축되어 나타났다. 그래서 공동주택의 소음이라는 문제의 뿌리를 찾아가다보면 이 사회의 병든 모습과 정면으로 만날 수밖에 없다.

경영학의 아버지라고 불리는 미국의 피터 드러커는 인류 역사상 한국전쟁 이후 그 짧은 기간 동안 한국이 이룩한 사회적 변혁보다 더 훌륭한 성공 사례는 찾아볼 수 없었다고 말했다. 그러나 『프로페셔널의 조건』에서 그는 다음과 같은 날카로운 지적을 남겼다.

> 지금 한국의 교육받은 사람들이, 전문가들이, 경영자들이 그리고 학생들이 맞닥뜨리고 있는 도전들은, 50년 전 그들의 조부모들이 부딪혔던 도전과는 매우 다르다. 그러나 해결해야 할 일들이 아주 많은 데 비해 시간은 별로 없다는 점에서는 똑같다.

나는 공동주택의 소음에 고통받으면서, 또 어떤 식으로든 그 소음의 당사자들과 대화를 시도하면서, '더불어 사는 삶'에 대한 나의 믿음이 붕괴되는 것을 넘어 인간이라는 존재 자체에 대해서도 회의가 드는 것을 지켜보아야 했다. 민주주의나 인권에 대한 인간의 이상理想은 어쨌든 물리력이나 강제력이 아니라 대화로 문제를 해결할 수 있다는 데 근거를 두고 있다.

민주주의와 인권을 근대사회의 산물인 '개인주의'와 연결시키기도 하지만, '개인주의'와 '공동체주의'는 동전의 양면처럼 서로 분리될 수 없는 것이다. 건강한 개인은 반드시 건강한 공동체를 전제할 때 가능한 것이고, 그 역도 마찬가지다. 이것을 우리는 '병든' 동전의 양면, 즉

'이기주의-집단주의'의 관계와 자주 혼동한다.

이기적인 사람은 절대로 공동체를 형성할 수 없다. 그들은 모여서 '집단'을 이룰 뿐이다. 공동체에는 '규율'이 있어야 한다. 그렇지 않으면 그것은 그저 야생동물들의 '군집'이지 인간의 공동체가 아니다.

하지만 내가 만났던 평범한 사람들이 이웃을 대하는 태도와 자세에는 개인과 공동체에 대한 존중과 배려가 거의 없었다. 이기심과 집단의 획일성만 있었다.

나는 지금껏 너에게 공동주택의 소음에 고통받았다고 말했지만, 정확히 말하면 내 고통의 원인은 소음 그 자체가 아니라 '소음이 주는 의미'였다. 즉 소음을 만들어내는 사람들로 인해 내가 갖게 될 수밖에 없었던 부정적인 감정과 사고였다고 말해야 할 것이다.

우리는 신문이나 뉴스를 통해 공동주택의 소음에 시달리다 우발적으로 살인까지 저지른 사람들의 이야기를 접하곤 한다. 그런 끔찍한 사건들을 볼 때마다, 나는 가해자이면서 피해자인 그들의 심정이 절실히 느껴진다. 그들을 그런 극단적인 상황으로 몰고 간 것이 그 소음이 주는 의미임을 알기 때문이다.

남미의 볼리비아에는 해발 4070미터에 위치한 포토시라는 도시가 있다. 이곳은 세계에서 가장 높은 도시로서, 세로리코(풍요로운 봉우리)라는 산 밑에 있다. 이 산에는 지구상에서 가장 큰 은광이 있고, 스페인은 이곳에서 200년간 전 세계 은의 절반을 캐갔다. 그동안 세로리코는 해발 5150미터에서 4820미터로 330미터나 내려앉았으며, 이 엄청난 착취에 노동력으로 강제 동원되었던 원주민들은 그 참혹한 은광 안에서 코카 잎을 씹으며 악마를 숭배하게 되었다.

나 역시 악마라도 믿고 싶었다. 소음의 의미에 환멸을 느끼면서 증오가 내 안에서 격렬하게 일어나는 것을 느꼈다.

도스토옙스키의 『죄와 벌』에서 라스콜리니코프는 벌레 같은 고리대금업자 노파를 단숨에 죽였으나 오랫동안 후회한다. 아르헨티나 영화 「엘 시크레토」에는 아내를 죽인 살인자를 몇십 년 동안 자신의 집 지하실에 가둔 남편 모라레스가 나온다. 오랫동안 고통을 주는 것으로 복수를 했으나, 자신도 오랜 시간 갇혀 있게 된다.

나는 번민하지 않을 수 없었다. 비록 상상 속에서지만, 과연 내가 이러한 행위를 한다면 정당화될 것인가? 증오와 복수심은 내면과 몸을 이미 파괴하고 있었다. 내 안에서 활활 타오르는 불길을 그대로 두면, 내가 먼저 그 불길에 희생될 것 같았다.

'땅바닥에 넘어진 자, 땅바닥으로 인해 일어선다因地而倒者, 因地而起' 라는 고려시대 스님 지눌의 말을 처음 들었을 때, '나는 내가 증오와 복수심에 내동댕이쳐졌으니, 정말 복수라도 해야 하나' 하고 번민했다. 하지만 내가 지눌의 말을 완전히 오해한 것임을, 그 말이 나오는 『정혜결사문定慧結社文』을 읽고 나서야 알게 되었다.

지눌은 바로 다음 문장에서 '마음이 없었다면 마음의 고통도 없었을 것이다. 하지만 마음을 떠나서 우리가 할 수 있는 것은 없다. 힘들어도 우리는 다시 우리 마음에서 시작하지 않을 수 없다'라는 취지의 말을 한다.

나는 지눌의 이야기를 끝까지 듣고는 한 시인의 말이 떠올랐다. 그는 '세상 그 어떤 양말이 구멍 나지 않을 수 있는가? 세상 그 어떤 가슴이 구멍 나지 않을 수 있는가?'라고 말했다. 가슴에 구멍이 났다고 양말처럼 가슴을 버릴 수는 없었다. 상처를 어루만지며 구멍 난 가슴을 보듬어 안아야 했다.

달라이 라마의 『용서』를 읽으며 나는 큰 충격과 함께 위안을 받았다. 1950년 중국의 침공으로 티베트의 수많은 사람이 죽었고, 전통이 파괴되었다. 그런데도 달라이 라마는 '나는 중국 공산당과 투쟁하는 것이지 (…) 중국인들을 미워하지 않습니다. 사실 무조건 그들을 용서합니다'라고 말했다.

또 『존 카밧진의 왜 마음챙김 명상인가?』에서 달라이 라마는 중국인들에 대해 분노하지 않느냐는 질문에 이렇게 대답했다.

> 그들은 이미 우리의 거의 모든 것을 빼앗아갔다. 우리의 마음까지 빼앗길 수는 없지 않은가?

차가운 물이 한 바가지 머리 위로 쏟아진 것처럼 정신이 번쩍 들었다. 나는 어떤 식으로든 소음이 주는 의미로 인해 내가 갖게 된 증오와 복수심을 가라앉히는 노력을 해야 했다.

미국의 목사인 단 카스터의 『정신력의 기적』을 읽고 나는 분노가 폭발하기 직전 큰 도움을 받은 적이 있었다. 카스터는 이 책에서 용서의 가치를 전하면서, 진정한 용서는 나를 괴롭힌 이들을 잊는 것이라고 했다. 나도 잊고 싶었지만, 잊으려 할수록 고통스러운 과거는 더 생생하게 살아났다. 용서를 위해 마음을 달래면서도 '잊는다'는 문제는 내게 큰 부담이 되었다.

미국의 신학자이며 목사인 루이스 스머즈가 쓴 『용서의 기술』은 내게 다른 영감을 주었다. 그는 '용서와 화해는 다른 것'이라고 말하며, '용서는 나 자신을 위해, 화해는 우리 모두를 위해' 하는 것임을 강조했다. 다시 말해 괴롭고 힘들어도 용서를 하되, 잘못을 저지른 이가 자신의 잘못을 뉘우치기 전까지는 그 사건을 '기억'해야 한다는 것이다. 그래서 적절한 조치가 이루어질 때까지 섣부른 화해를 시도하지 않아야 한다는 것이다.

인종차별에 맞서 평생을 저항했던 남아프리카 공화국의 넬슨 만델라는 1994년 흑인 최초의 대통령에 당선된 후, '용서하되 잊진 않는다!'란 구호와 함께 '진실과 화해 위원회'를 설치했다.

용서가 완성되려면 화해해야 하고, 진정으로 화해하려면 아무리 고통스러워도 기억해야 한다. 분노와 복수심을 내려놓되, 그것들을 불러일으킨 그 사건과 사람들에 대한 기억은 간직해야 하는 것이다. 그것은 분명 나에게 던져진 또 하나의 시련이었다. 그러나 나는 그 고통스러운 진실을 버릴 수 없었다.

그 과정이 그렇게 쉽지는 않았다. 그것은 내 고통의 '필요조건'일 뿐이기 때문이었다. 공동주택의 소음이 주는 의미가 정말로 고통이 되었던 충분조건은, 내 고통을 누구도 받아주지 않는 현실에 있었다.

『동아일보』 2019년 7월 15일자 기사는 여성가족부의 공식 자료를 인용한다. 전국의 해바라기센터에 접수된 성폭력 피해 아동·청소년 사건이 2016년 이후 연간 7000~8000건 이상이지만, 심리치료는 많이 이루어지지 않았다고 한다. 성폭력 피해 사실이 알려지는 것을 원치 않는 부모들이 치료를 거부했기 때문이다. 『한겨레 21』 2019년 7월 29일 기사는 '오빠 성폭력 사건'에서, 엄마들은 백이면 아흔아홉, 피해자인 딸을 버린다는 충격적인 현실을 언급한다. 상처받은 아이와 여성들은 가족들에게조차 이런 식으로 방치되거나 거부되곤 했다.

우리말에는 '화냥년' '호로새끼'라는 욕이 있다. 임진왜란이나 병자호란으로 끌려갔다 돌아온 여인들을 '환향녀還鄉女'나 '호로胡虜', 즉 오랑캐 포로로 불렀던 데서 유래했다. 『선조실록』에는 천신만고 끝에 고국으로 돌아온 여인들이 남편에게 이혼을 당하고, 가족들에게 외면받았던 기록이 많이 남아 있다. 명예를 의미하는 아랍어 '사라프sharaf'는 여성의 정조를 뜻하기도 한다. 그래서 여성이 강간을 당하면 아랍에서는 집안의 명예를 더럽혔다는 이유로 아버지나 오빠가 딸이나 여동생을 죽이기도 했다. 이른바 '명예 살인'이다.

2014년 세월호의 비극이 발생했을 때, 당시 상담 관련 전문가들은 한목소리로 '경청'과 '공감'이 가장 중요한 일이라고 주장했다. 그들은 충격적인 사건 자체보다 그 충격을 받은 사람이 자신의 이야기를 할 수 없는 상황, 자신의 슬픔과 고통이 있는 그대로 받아들여지지 않는 상황이 더 큰 상처의 원인이 될 수 있다는 것을 알고 있었다. 그리고 그 사건을 빨리 잊어버리려 하지 말고 '기억'해야 한다고 강조했다.

결국 용기를 내어 자신의 상처를 드러내 보일 수 있는 상대는 친구와 가족뿐이다. 때문에 진정한 비극은 고통스러운 사건 자체보다 친구나 가족같이 마지막으로 믿었던 사람들에게조차 있는 그대로 받아들여지지 않는 현실에 있다.

나는 소음이나 만성통증, 경제적 곤란과 같은 문제로 괴로워할 때마다 내게는 친구와 가족이 있다는 것으로 위안을 얻고 그 고통을 견뎌내려 했다. 그러나 내 삶의 고난이 심각한 트라우마라는 것을 깨달은 결정적인 계기는 바로 가까운 친구와 가족들의 외면이었다.

오랜 고통을 겪은 사람은 자신의 이야기를 쉽게 꺼내지 못한다. 자신의 상처를 드러냈을 때, 그것이 외면받는 고통은 이미 가지고 있던 상처의 고통보다 훨씬 크기 때문이다. 그래도 나는 친구라고 생각한 사람들과 가족에게 한 번 이상 이야기를 하려고 시도해보았다. 이 사람이라면 내 이야기를 들어줄 수 있으리라는 믿음을 나는 먼저 가져야 했다. 이야기를 꺼내기 위해 몇 달, 몇 년을 기다린 적도 있었다.

결과는 참담했다. 결국 나는 '내게 친구도, 가족도 없는 것인가'라고 느끼지 않을 수 없었다. 그것은 지독한 외로움과 무기력이었다. 그들은 내 이야기를 들은 뒤 분석하고, 비교하고, 추론했다. 구체적인 해결책만을 찾으려 했다. 그중 어머니는 가장 오래 내 이야기에 귀를 기울였지만, 나의 불안 앞에서 멈추고 말았다. 어머니도 나의 불안을 이해하지 못했고, 나는 홀로 남겨졌다.

나를 있는 그대로 받아주고, 나의 고통을 공감해주는 따뜻한 눈빛 한 번, 말 한마디가 절실했다. 그거면 충분했다. 하지만 그들은 해결책이 없다고 판단되면 침묵하고 외면했다.

그것은 소음이 주는 사회적 의미, 만성통증, 경제적인 곤란보다 더 큰 고통이 되었다. 어둡고, 춥고, 광막한 우주 공간에 내가 혼자 둥둥 떠다니는 환영을 보기도 했다. 그리고 바로 이 고통이 내 불안의 진짜 이유, 즉 트라우마라는 것을 인정해야 했다. 『안네의 일기』에는 이런 내용이 나온다.

> '종이는 사람보다 인내심이 강하다'라는 옛말을 알고 있나요? 마음을 터놓을 만한 친구가 없기 때문에 일기를 쓰기로 결심한 거예요. (…) 사실 혼자는 아니지요. 부모님과 언니가 있고, 친구라고 부르는 사람도 서른 명쯤이나 되는걸요! 그러나 난 외로워요. 그들과는 그저 떠들고 농담을 주고받을 뿐. 앞으로는 일기장, 당신을 내 마음의 친구로 삼아 '키티'라고 부르겠어요.

시인 한보리와 가수 오영묵은 노래 「숲으로 갔지」에서 '묵은 상처들은 어디에 묻어두는지'라고 묻고, '숲은 고요히 바람에 쓸릴 뿐, 아무런 미련 없이 버리고 있었네'라고 답했다. 하지만 이 문제 앞에서는 노래를 듣거나 시를 읽는 것도, 책이나 영화를 보는 것도 아무런 도움이 되지 않았다.

내가 혼자서 무엇을 해야 했을까? 망가진 다리를 이끌고 어두운 밤거리를 걸었다. 그 고통의 시간들을 어떻게 견뎌냈는지 솔직히 나도 잘 모르겠다. 내게는 어둡고 깊은 곳을 오랫동안 혼자 걸었다는 기억밖에 없다.

그러나 고통의 심연에서 트라우마의 본성을 온전히 이해할 수 있었고, 그래서 나의 고통을 전혀 다른 관점에서 볼 수 있게 되었다는 것은 가혹한 역설이 아닐 수 없었다. '진실은 항상 역설을 포함한다'는 것을 머리로는 이해하고 있었지만 막상 온몸으로 겪어보았을 때의 느낌은 말로 표현하기 어려운, 그저 공감하는 수밖에 없는 그 무엇이었다.

돌아보면 지난 20년은 불어오는 역풍을 그대로 맞으면서 앞으로 나아가기만 했던 시간이었다. 힘들 때는 어딘가 바람을 피할 곳을 찾아 몸을 숨겨보려고도 했다. 하지만 그곳은 오히려 더 거센 역풍이 불어오는 곳일 뿐이었다.

차고 메마른 역풍 속을 날아가는 하늘의 새들을 보면서, 나는 새들이 왜 저렇게 힘든 비행을 계속하는지 궁금했다. 날아가던 새들 중 한 마리는 갑자기 거세진 돌풍에 방향을 잃고 무리에서 이탈하고 있었다. 그러나 원을 그리며 먼 곳을 돌아, 늦었지만 다시 제 무리가 날아갔던 곳을 향해 날아갔다. 뒤처졌지만 앞서 날아간 새들을 잊지 않고 따라간 그 새가 혹시 나의 모습이었을까? 나는 끝까지 포기하지 않은 그 새에게도, 또 역풍을 견디며 날아가는 모든 새에게도 마음속 깊은 곳에서 공감이 일어나는 것을 느꼈다.

누군가의 고통과 희열을 어느 순간부터 우리는 더 이상 이해할 수 없게 된다. 다만 공감하는 것이다. 우리가 누군가의 볼을 타고 흐르는 눈물을 이해하거나 아름다운 노래를 이해할 수 있을까? 우리는 함께 전율하고 공감하는 것이지, 이해하는 것이 아니다.

바로 이 공감이 고통의 심연에서 벗어날 수 없을 것만 같았던 나에게 트라우마에 대해 통찰하게 해준 작은 점이자 실마리였다. 공감이라는 씨앗이 내 가슴에 뿌려져 싹을 틔우고 뿌리를 내리며 자라날 때까지 오랜 시간이 걸렸지만, 나는 다행히 그 나무가 들려주는 이야기에 귀를 기울일 수 있었다.

그리고 그 이야기를 듣는 과정에서 트라우마에 대한 내 관점의 변화가 크게 네 번에 걸쳐 일어났음을 어렵게 알아차렸다. 그 시간이 무려 20년이었고 그동안 수많은 오해와 착각 속에서 헤맸지만, 이제는 지나온 시간을 담담하게 돌아볼 수 있게 되었다.

첫째, 불안의 인식. 처음에는 공동주택의 소음을 내 삶의 고난에 대한 유일한 원인으로 보았다. 이때까지만 해도 나는 내 문제를 트라우마로 인식하지 못했고, 힘들어도 내가 해결책을 찾을 수 있는 '가혹한 스트레스'로만 이해했다.

이러한 착각에서 벗어날 수 있었던 것은 내가 가진 심각한 불안 때문이었다. 불안은 내가 맞서 싸울 수 있는 것이 아니었고, 도망가려 해도 거기서 도망갈 수 있는 것도 아니었다. 투쟁과 도피의 헛된 몸부림을 오랫동안 격렬하게 치르고 난 뒤에야 나는 '내가 정말 불안하다'는 사실을 인정할 수밖에 없었다.

둘째, 반복과 재연의 자각. 이사를 그토록 오래 하면서도 계속 소음만 찾아다니는 무의식적인 반복과 재연을 자각하면서, 나는 비로소 내 문제가 트라우마라는 사실을 완전히 받아들였다. 이때는 소음으로 인한 만성불안이 만성통증으로, 만성통증은 경제적 곤란으로 이어져 있었고, 내 삶의 전 영역을 무너뜨리고 있었다. 이렇게 트라우마라는 관점에서 내 문제를 바라보면 공동주택의 소음과 그로 인한 불안은 내 삶에 고난을 안겨준 유일한 이유가 아니라, 여러 문제 중 하나일 뿐이었다. 굳이 의미를 부여하자면 트라우마라는 복잡하게 얽혀 있는 문젯덩어리로 들어가는 문과 같은 것이었다.

셋째, 인식의 심화. 그러나 최근까지도 나는 나의 문제들을 여전히 트라우마의 '원인'으로만 이해하고 있었다. 소음, 만성불안, 만성통증, 경제적 곤란, 인간적 배신과 사회적 고립, 가족의 불운까지 겹쳐져 발생한 복잡한 트라우마지만, 원인을 알았으므로 구체적인 해결책을 찾을 수 있다는 문제의식을 버리지 못하고 있었다.

대부분의 사람이 자기 삶에 나타난 심각한 문제들을 바라보는 관점 역시 이러할 거라고 생각한다. 내 친구들과 가족이 보였던 태도와 관점도 바로 이러한 것이었다. 그러니 내가 어떻게 그들을 원망할 수 있겠는가? 트라우마의 상대적 의미에서만 보자면 이러한 관점은 틀린 것이 아니다. 트라우마를 하나의 질병으로만 이해할 때, 트라우마를 우리 삶에 나타난 아주 예외적이고 시급히 해결해야 할 위험한 문제로만 바라볼 때, 우리는 이 관점을 유지할 필요도 있다. 그러나 이것이 바로 내가 트라우마에 대해 오해한 결정적인 지점이었다. 이 오해에서 벗어나는 것이 가장 힘들었다.

넷째, 통찰. 지난 20년간 나를 가장 고통스럽게 했던 것은 소음과 그로 인한 만성불안도, 만성통증도, 경제적 곤란도 아니었다. 나의 그러한 고통이 사람들에게 있는 그대로 받아들여지지 않는다는 것이었다. 내게 가장 필요한 것은 그들이 나에게 어떤 구체적인 해결책을 찾아주는 것보다, 일단 지치고 상처받은 나를 먼저 따듯하게 공감해주는 것이었다.

나나 가족이 경제적으로 여유가 있었다면, 돈으로 조기에 문제를 해결할 수 있었을 것이다. 하지만 그럴 수 없는 상황에서, 나는 나 스스로 어떻게든 돈을 벌어 소음의 고통에서 벗어난 집을 찾기 위해 20년 가까이 외로운 분투를 했었다. 그리고 그 과정에서 몸은 완전히 망가져갔고, 불안은 더 심각해져갔다. 그러니까 나는 실패한 것이다. 내 삶의 문제를 나는 20년간 하나도 해결하지 못했다. 그런데 실패했으므로 나는 이대로 그냥 소외된 채, 죽을 날만 기다리고 있어야 하는 것일까?

예를 들어 암에 걸린 사람이 있다고 하자. 우리는 보통 암이 당사자의 삶을 파괴하는 원인이라고 생각한다. 물론 그 암을 어떻게든 낫게 할 수 있는 상황이라면, 그러한 관점이나 판난이 틀렸다고 할 수도 없다. 원인을 알았으므로 구체적인 해결책만 찾으면 된다. 하지만 루게릭병과 같은 불치병이거나, 혹은 당장 치료 방법을 찾을 수 없는 상황이라면, 그러한 관점에서 우리가 할 수 있는 일은 아무것도 없게 된다. 그저 삶의 고통에 짓눌리면서 죽을 날만 기다려야 하는 것이다. 이때 당사자는 이미 죽은 것이나 마찬가지다. 이렇게 '해결책을 찾을 수 없을 때, 상황은 종료된 것이다'라고 보는 관점이 아주 많은 사람을, 아주 오랫동안 지배하고 있었다. 그들에게 삶은 왜 살아야 하는지에 대한 숙고보다, 그래서 어떻게 살아야 하는지에 대한 진지한 반성보다, 당장 오늘 하루 자신에게 주어진 구체적인 과제를 해결하는 것에 몰두하는 것일 뿐이었다. 정말 삶은 오직 이런 것일 뿐인가?

미치 앨봄은 대학 시절 은사였던 스승이 루게릭병으로 죽음을 앞두고 있다는 소식을 듣고 거의 20년 만에 그를 찾아간다. 화요일마다 그와 나누었던 대화를 『모리와 함께한 화요일』로 엮었는데, 그 책에서 스승은 제자에게 이렇게 말한다.

> 내가 다른 사람의 고민을 듣는 일을 왜 그렇게 중요하게 여긴다고 생각하나? 내 고통과 아픔만으로도 충분한 이 마당에 말이야. (…) 내가 그들을 위해 시간을 할애할 때, 그들이 슬픈 감정을 느낀 후에 내 말을 듣고 미소 지을 때, 그럴 때의 느낌은 건강할 때의 느낌과 거의 비슷하네.

모리는 '죽음은 생명을 끝내지만, 관계까지 끝내는 건 아니다'라고 말하며, 임박한 죽음 앞에서도 우리가 반드시 지켜야 할 소중한 가치가 있다는 것을 강조하였다. 그것이 무엇일까? 나는 공감이라고 생각한다. 또 '어떻게 죽어야 할지를 배우게 되면, 어떻게 살아야 할지도 깨닫게 된다'고 말하며, 그는 평온하게 세상을 떠났다.

나는 트라우마에 의해 많은 것이 파괴된 삶을 살았고 지금도 여전히 그러하지만, '삶은 오직 문제의 구체적인 해답을 찾는 과정이다'라는 관점과 견해를 도저히 받아들일 수 없었다. 그것은 진정한 인간의 삶이 아니라고 생각했다. 어딘지도 모를 삶의 끝, 언제인지도 모를 죽음이 닥칠 때까지 마치 왜 자신이 웅웅거리며 돌아가고 있는지도 모르는 바쁜 기계처럼, 그렇게 단순히 '작동'되고 있는 것일 뿐이라고 나는 생각하였다.

내가 경험한 트라우마에는 넓이가 있었고, 깊이가 있었다. 무엇으로 시작했든 그 한가운데에는, 그리고 그 가장 깊은 곳에는 공감의 부재가 있었다. 그리고 나의 이야기를 들어주지 않는 차가운 외면이 있었다. 사랑하는 사람에게 사랑받지 못하고 있다는 두려움이 있었다. 그리고 사랑하는 사람을 앞으로 내가 사랑할 수 없을지도 모른다는 더 감당하기 두려운 불안이 있었다. 그러나 그러한 상태로부터 벗어나기 위해서 그들에게 간절히 사랑을 원할수록 그들은 나에게서 더 멀어져갔다.

그래서 트라우마로부터 벗어나지는 못한다 할지라도, 적어도 트라우마를 견디기 위해서는 어떻게 내 신념과 사랑을 지켜내야 하는가에 대한 번민과 애끓는 몸짓이 있어야 했다. 이 해결이 불가능해 보이는 모순 앞에서 내가 어떻게 나를 지켜내야 하는가라는 절박한 문제의식이 지난 시간 내가 붙들고 있었던 나의 화두話頭였다. 스티븐 배철러는『선과 악의 얼굴』에서 '길의 최종 목적지는 그 길을 가는 사람이 어떤 질문을 갖고 있느냐에 달려 있다'고 했다.

그런 시간이 너무나 오랫동안 지속되었으나, 그 바닥을 모르는 추락과 시련의 과정에서 나는 고통스러운 삶의 진정한 원인은 공감과 소통의 부재라는 것을 깨달을 수 있었다. 내가 삶을 이렇게 바라보면서 나는 비로소 트라우마에 대한 마지막 통찰에 도달하게 되었다. 진정한 트라우마의 원인은 내가 있는 그대로 받아들여지지 않는 현실에 있었다. 겉으로 드러난 트라우마의 여러 문제는 그것이 아무리 가혹한 것이라 할지라도 우리 삶의 고난에 대한 원인이 아니라 오히려 증상, 즉 결과였던 것이다.

그래서 지난 20년간 나에게 너무나 고통스러웠던 소음과 그로 인한 불안은 트라우마의 시작 증상이 아니라, 오히려 최종 증상이었다는 것도 알게 되었다. 그것은 고통스러운 트라우마로 들어가는 문이 아니라, 너무나 고통스러웠지만 오히려 트라우마를 자각하고 거기서 나갈 수 있게 해줄지도 모르는 마지막 문이었던 것이다. 소음과 불안은 내가 삶을 있는 그대로 직시하지 않으면, 더 이상 내일은 없다는 것을 내게 강력하게 알려주었던 최후의 경고음이 아닐 수 없었다.

이것이 바로 트라우마에 대한 절대적 의미다. 비록 내가 너무 늦게 알게 된 것이지만, 이러한 통찰에서 트라우마를 보게 될 경우, 트라우마는 특정 개인에게만 나타나는 질병이나 예외적인 사태가 아니라, 인간이라면 모두 겪게 되는 근원적이고 내재적인 삶의 본성이 되어버린다. 트라우마는 인간의 보편적인 문제인 것이다.

우리는 모두 자신이 있는 그대로 받아들여지지 않는 고통을 겪고, 그럼에도 그 고통이 우리 삶의 거의 모든 것을 지배하고 있다는 것을 깨닫지 못하며, 어둠 속에서 각자 혼자 살아가고 있는, 너무나 평등한 존재들일지 모른다. 그러나 또한 우리는 그 외로운 평등을 직시하며 새로운 새벽이 올 때까지 그 고통을 견딜지 말지를 스스로 선택할 수 있는, 희미하지만 놀라운 자유의 존재들일지도 모른다.

# 9.

# 밑 빠진 독, 깨진 항아리

멕시코 화가 프리다 칼로의 「부러진 척추」를 본 적이 있다. 그녀는 만성통증과 남편의 바람기로 평생 신체적, 정신적 고통 속에서 살았다. 그림은 자화상인데, 온몸에 못이 박혀 있고, 척추는 철골 구조로 대체되었으며, 눈 밑에는 눈물 자국이 가득하다. 무언가를 응시하는 듯 담담한 표정을 짓고 있는 그녀의 얼굴에는 그러나 남자처럼 수염이 나 있다. 가혹한 고통을 이겨내기 위해 스스로 거친 '남성성'을 받아들인 것이다. 그러나 나는 고통을 견디는 힘은 여성성이 남성성보다 더 강하다고 생각한다.

온몸에 생긴 만성통증에 그동안 나는 주로 침을 맞는 것으로 대처했다. 양방에도 'IMS'처럼 침 치료와 유사한 것이 있다. 이것을 제외하고 양방 치료는 내게 아무 의미가 없었다. 진통제도 듣지 않았고, 정신과 약물도 통증에는 소용없었다. 그러나 1년 내내 침을 맞아야 하는 것은 그 자체로 고통이었다. 2003년 왼쪽 옆구리에 이상한 통증이 시작되었을 때부터 지금까지 17년을 적어도 일주일에 세 번 이상, 어떤 때는 거의 매일이다시피 침을 맞았다. 프리다 칼로의 몸에 못이 박혀 있었던 것처럼 내 몸에는 늘 침이 꽂혀 있었다.

'소침도小針刀'라는 것이 있다. 침처럼 생긴 칼이다. 근육 깊숙한 곳을 찌르고 바로 빼는 식으로 치료하는 데 사용된다. 이 치료를 받으며 환자들은 대부분 비명이나 신음 소리를 내고, 한의사 역시 중간중간 쉬면서 한다. 나는 이 소침도를 2년 넘게 맞았다. 더불어 8체질침, 봉침, 약침, 쑥뜸, 추나 등 해볼 수 있는 것은 다 해보았다.

허준은 『동의보감』에 '불통즉통不通則痛'이라는 유명한 명제를 남겼다. 통하지 않으면 아프다! 나는 허준이 통증을 넘어 고통의 본질을 알고 있었다고 생각한다. 나의 몸과 몸 사이, 몸과 마음 사이, 나와 세상 사이, 세상과 세상 사이가 통하지 않고 있었다. 이 불통이 곧 트라우마다.

내 몸의 상태를 통증의학과나 류마티스 내과에서는 '섬유성 근육통 증후군Fibromyalgia Syndrome'이라는 병명으로 진단하기도 한다. 구조적이고 분명한 통증의 원인이 발견되지 않았으나, 일상생활을 하기 힘들 정도의 통증이 장기간 발생하는 사람들에게 이런 진단이 내려지곤 한다. 2016년 안동에서 올라와 강남의 한 통증의학과를 찾아갔을 때, TV에도 나왔던 그 의사는 내게 이렇게 말했다.

> 흰 벽에 누가 던진 잉크병이 날아와 깨졌다고 합시다. 잉크가 흰 벽에 깊숙이 배겠죠? 벽을 아무리 깨끗이 닦아내도 잉크 자국은 완전히 없어지지 않습니다. 당신은 지금 그런 상태입니다.

그는 나에게 그냥 체념하고 통증에 익숙해지라고 했다. 정신과 의사들이 항불안제와 항우울제만을 처방하는 것보다는 훨씬 인간적인 충고였다. 신약성서 「고린도후서」에는 평생 만성통증에 시달렸던 사도 바울의 절절한 고백이 나온다.

> 하나님께서는 내 몸에 가시로 찌르는 것 같은 병, 곧 사탄의 사자를 주셨습니다. (…) 그 가시에서 제발 벗어나게 해달라고 나는 세 번씩이나 하나님께 간구했습니다. 그러나 주님께서는 내게 이렇게 말씀하셨습니다. '나는 네게 충분히 은혜를 베풀었다. 왜냐하면 나의 능력은 네가 약한 데서 비로소 완전해지기 때문이다.'

이러한 삶의 태도에서는 범접하기 어려운 숭고함이 느껴진다. 하지만 로마의 시인 유베날리스는 '건전한 정신은 건강한 신체에 깃든다 Mens Sana in Corpore Sano'라는 유명한 경구를 남기기도 했다. 내가 통증의학 전문가나 바울의 견해를 꼭 따를 필요는 없었다.

내가 오랜 시간 병원이나 한의원에 다니면서 의료진에게 가장 많이 들은 단어는 '관리'였다. 환자가 계속 의료진에게 관리를 받으면서 심각한 상태로 빠지지 않고 그럭저럭 살아가게 하는 것이 현대 의학의 목표라는 말을 한 의사에게 듣기도 했다. 하지만 무엇보다 그들은 내 이야기에 귀 기울이려 하지 않았다.

그리스 신화에 나오는 '프로크루스테스의 침대'를 들어보았을 것이다. 자신의 침대보다 키가 크면 사람의 다리를 자르고, 짧으면 억지로

늘여서 죽여버리는 신화 속 거인의 얘기다. 통증 치료나 심리 상담을 받으러 다니면서 나는 수도 없이 이 침대 위에 누울 수밖에 없었다. 한번은 어떤 통증의학과 의사가 나에게 이렇게 말한 적도 있었다.

> 당신은 지금 잘못 아프고 있는 거야. 이 병은 이런 식으로 아프면 안 되는 거야!

나는 체 게바라를 혁명가로서도 존경하지만, 의사로서도 존경한다. 『체 게바라 평전』에는 의대 졸업을 한 학기 남겨두고 여행을 떠났던 그가 아픈 사람들을 어떻게 대하였는지에 대한 기록이 있다. 페루의 '산 파블로' 나환자촌을 방문한 그는 사실상 삶을 포기하고 있던 실비오라는 남자의 손을 오랫동안 잡아준 후, 그를 설득해 수술을 집도한다. 체 게바라는 쿠바의 장관이 된 후에도 그에게 안부 편지를 보냈고, 실비오는 자신을 찾아온 기자에게 그는 따뜻한 말 한마디로 환자들에게 위안을 줄 줄 알았던 사람이라고 회상하였다. 실비오는 자신이 운영하는 술집에 '체'라는 이름을 붙였다.

우리나라 의료보험의 효시, '청십자 의료보험'을 만들었던 장기려 박사는 병원을 찾아오는 가난한 이들의 이야기에 귀 기울이는 것이 예수의 가르침을 실천하는 것이라 믿었던 사람이다. 병원비가 없다며 하소연하는 한 농부에게, 도망가라며 밤에 병원 문을 몰래 열어주었던 그는 세상을 떠날 때까지 병원 꼭대기의 옥탑방에서 살았다.

신경학자요 의사였던 올리버 색스는 자신이 다리가 부러져 환자가 되어보고 나서야 왜 환자들이 병원과 의사를 불신하는지 깨닫고 『나는 침대에서 내 다리를 주웠다』라는 책을 썼다. 이 책에서 그는 의사들이 아예 의사라는 것을 잊어버리고 환자의 이야기를 들을 때, 온전한 치료와 치유가 이루어진다는 것을 강조했다.

카를 융은 자서전 『기억, 꿈, 사상』에서, 자신이 무의식에 대한 새로운 학문의 이론을 만든 사람이지만, 내담자와 상담할 때는 항상 백지 상태에서 그들의 얘기를 들었다고 고백했다. 그러면서 사람의 심리라는 것이 얼마나 다양하고 예외적인지에 대해 놀라며, 특정한 이론과 개념의 틀에 사람의 실제 마음을 어설프게 끼워넣는 것은 매우 위험한 일임을 지적하고 있다.

이들은 모두 환자의 '증상'만이 아니라 환자의 '삶'을 들여다보고, 질병이 그 사람의 삶과 분리될 수 없다는 것을 잘 알고 있었다. 그러나 나는 그런 의사를 만나기가 어려웠다. 의료사회학자 아서 프랭크는 자신의 심장마비와 암 투병 경험을 바탕으로 쓴 『아픈 몸을 살다』에서 이렇게 말했다.

> 의학의 한계를 이해하려면 먼저 '질환disease'과 '질병illness'의 차이를 인식해야 한다. (…) '질병'은 '질환'을 앓으면서 살아가는 경험이다. 질환 이야기가 몸을 '측정'한다면, 질병 이야기는 고장 나고 있는 몸 안에서 느끼는 '공포와 절망'을 말한다. (…) 심각하게 아픈 사람들에게는 자신이 경험하는 모든 것을 인정

해주는 이야기가 필요하다. (…) 질병은 어떻게 더 또렷한 정신을 가지고 어떻게 더 건강한 삶을 살 수 있는지 우리 모두에게 가르쳐줄 수 있기 때문이다.

내가 이렇게 의사나 상담사들에게 상처 입었던 이야기를 하는 것은 그들을 비난하고자 함이 아니다. 분명히 세상에는 환자를 진심으로 도우려는 의사들이 많을 것이다. 나에게 그토록 냉담했던 의사들도 어쩌면 다른 누군가에게는 든든한 희망의 존재가 돼주었을지도 모른다. 나는 내가 의료 환경에서 겪어야 했던 '공감과 소통의 부재'를 나의 트라우마가 발현되었던 과정으로 이제는 받아들이고 있다. 모든 문제를 트라우마로 보는 것도 극단적인 태도다. 그러나 20년이라는 그 긴 시간과 나의 무모함에 가까운 노력을 고려한다면, 나에게는 다른 시각과 시선이 필요했다.

내가 다닌 병원의 수는 세어볼 수조차 없을 만큼 많았다. 그렇다면 여기에는 분명 내 의식 너머에 존재하는 어떤 알 수 없는 힘이 작용하고 있다고밖에는 볼 수 없다.

이렇게 의사와 의료 환경에 대한 관점을 바꾸려는 시도는, 나의 만성통증에 대한 관점에도 영향을 주게 되었다. 『몸이 아니라고 말할 때』에는 종양학자 케런 갤먼의 통찰이 소개되고 있다. 그녀는 인간의 질병을 군대가 물리쳐야 하는 '적'으로 대하는 주류 의학에 반기를 들었던 사람이다. 그녀는 '우리 몸에서 일어나는 일은 물이 흘러가는 것과 같습니다. (…) 우리가 영향을 줄 수 있는 것이 있고, 영향을 줄 수 없는 것이 있다는 사실을 알 필요가 있습니다'라고 말했다.

『면역에 관하여』에서 율라 비스는 질병을 일으키는 미생물을 가리키는 '병균germ'이라는 단어에는 두 가지 의미가 있다고 말한다. 바로 우리 몸의 새로운 조직을 만들어낼 능력이 있는 '배아embryo'라는 뜻도 가지고 있다는 것이다. 다시 말해 '우리는 병을 일으키는 것과 성장을 일으키는 것을 같은 단어로 부른다'고 지적했다. 그리고 이 'germ'의 어원은 '씨앗'이다.

이러한 주장들에 일관되게 흐르고 있는 관점은 내가 가진 몸의 문제를 다른 방식으로 보는 데 큰 도움이 되었다. 오랫동안 나를 괴롭혔던 만성통증을 내게서 박멸하고 제거할 수 없다면, 내가 어떤 식으로든 그것과 다른 관계를 맺는 것이 더 현실적인 태도가 될 것이다.

물론 수전 손택과 같은 사람은 『은유로서의 질병』에서 질병에 어떤 종교적이고 문화적인 해석을 가하는 것에 반대하면서, '질병은 질병이며, 치료해야 할 그 무엇일 뿐이다'라고 비판하기도 했다. 병을 의학이라는 자연과학적 관점에서 다루는 능력이 부족했던 시절, 심리학적으로 접근한 사례들을 분석하면서 그것이 오히려 질병을 더 키우고 복잡하게 만들었다고 지적했다.

하지만 철학자 조르주 캉길렘은 『정상적인 것과 병리적인 것』에서 정상에 대한 우리의 상식을 비판하면서, '질병은 곧 비정상인 상태'라는 관념에 의문을 제기했다. 이러한 사고방식은 로마의 법적 전통에 기반을 둔 '원상 복구resitutio ad integrem'의 이념과 깊게 연관되어 있다고 지적하면서, '질병이란 하나의 과정으로서 병에 걸린 사람은 병과 만나면서 새로운 정체성을 갖게 된다'고 했다.

『아픈 몸을 살다』에서 아서 프랭크는 '회복이 질병의 이상적인 결말이라고 보는 견해에는 문제가 있다. 답은 회복보다는 새롭게 되기에 초점을 맞추는 일인 듯싶다'라고 말했다. 나는 만성통증으로 고통받았던 시간 동안 이런 관점에 계속 저항해왔다. 무엇보다 너무 고통스러웠기 때문이다. 몸에 만성통증이 없는 사람이 이런 책을 읽고 저자의 생각에 동의하는 것은 그리 어려운 일이 아닐 것이다. 그러나 17년 이상 거의 매일 침을 맞으며 버텨야 했던 나로서는, 그러한 태도의 변화를 한순간에 받아들인다는 것이 쉽지 않았다.

그런데 아서 프랭크는 이런 지적도 했다. '자신의 몸에 경이驚異를 가질 때 잘 아플 수 있고, 치료 또한 잘 이루어질 수 있다. (…) 경이를 아는 의사에게 실패란 없다. 이런 의사와 환자는 함께 몸에 놀라워한다.' 나도 공황 발작을 겪고 참여했던 심리 캠프에서 내가 쓰고 있던 가면, 가발을 벗어버리자, 몇 년 동안 나를 괴롭혔던 비염이 한순간에 낫는 놀라운 경험을 한 적이 있었다.

이러한 관점에서 보면 나의 만성통증이나 기능장애는, 내가 낳아 기르는 '아픈 아이'나 혹은 내게 온 '미지의 손님'이 될 수 있었다. 아무리 골칫덩어리인 아이라도 역시 아이이기 때문에 잘 보살피고 사랑하는 마음을 포기하지 않는다면, 나는 천사를 발견할 수 있을지도 모른다. 또 내게 온 손님은 어쨌든 손님이기 때문에 싫건 좋건 잘 대접한다면, 그도 언젠가 왔던 곳으로 돌아갈지도 모른다.

『아픈 몸을 살다』는 구약성서 「창세기」에 나오는 야곱과 천사의 씨름 이야기로 결말을 맺는다. 책 표지도 아예 이 씨름 장면이다. 야곱은 들판에서 어떤 알 수 없는 힘과 밤새 씨름한다. 새벽이 올 때까지 야곱이 지지 않고 버티자, 그 힘은 그를 축복하여 '이스라엘'이라는 새 이름을 주었다. 이 일로 야곱은 그 싸움의 장소를 '브니엘(하느님의 얼굴)'이라 불렀으나, 자신이 천사라고 생각한 존재가 씨름 중에 넓적다리를 쳤기 때문에 절룩거리며 걷게 되었다.

이렇게 자신이 잘 알지 못하는 어떤 존재 혹은 힘과 대결을 했으나, 그 존재를 완전히 이기거나 그 힘에 완전히 패하지 않은 상태에서 자신을 새롭게 변화시킨다는 테마는 동서고금에 두루 퍼져 있다.

프랑스 영화 「키리쿠와 마녀」는 엄마 배 속에서 스스로 나와 자신의 이름까지 지은 '신성한 아기' 키리쿠가 마을 사람들을 괴롭히는 마녀를 찾아가 그녀의 등에 박힌 가시를 빼주고, 그 마녀와 결혼하는 이야기를 담고 있다. 일본 영화 「센과 치히로의 행방불명」에는 게걸스럽게 모든 것을 먹어치우는 '가오나시(얼굴 없는 괴물)'가 등장한다. 그러나 이 가오나시 역시 주인공 센의 착한 마음으로 탐욕을 가라앉히고, 순한 존재로 돌아간다.

이러한 이야기들은 모두 배경도, 소재도 크게 다르다. 하지만 자신에게 닥쳐온 미지의 존재와 정면으로 맞서되, 그것을 완전히 박멸하지도, 그렇다고 그것에 패하지도 않는다는 공통점을 가지고 있다. 공존의 테마가 면면히 흐르고 있는 것이다. 서로를 인정하고 대화하면서 함께 살아간다는 주제를 담고 있다.

그러나 나는 야곱처럼 하룻밤 씨름을 했던 것이 아니었다. 몇 달, 몇 년도 아니었다. 관점과 태도의 변화와 관련하여 나에게는 '한순간의 결단' 이상의 것이 필요할지도 모른다. 갑작스러운 깨달음, 즉 돈오頓悟는 꾸준한 수행, 즉 점수漸修로 이어지지 않으면 한여름 밤의 꿈이 될 수도 있다. 이 대목을 쓰고 있는 지금도 나는 여기저기가 여전히 아프다. 이 글을 끝까지 다 써낼 수 있을지 의심된다. 하지만 이제 내 안에 분명히 존재하는 '아픈 아이' 혹은 '미지의 손님'을 어떻게든 잘 돌봐야 한다는 것을 더 이상 외면할 수는 없을 것 같다.

현대 천문학의 성과를 소개하고 있는 책 『블랙홀 옆에서』에서 닐 디그래스 타이슨은 '라그랑주Lagrange 포인트'라는 흥미로운 물리학 개념을 설명하고 있다. 지구와 달같이 끊임없이 공존과 자전을 하는 두 별 사이에는 중력과 원심력이 정확하게 평형을 이루는 지점이 다섯 개가 존재한다는 사실을 과학자들은 알아냈다. 바로 이 평형점들로 인해 지구와 달은 더 가까워지지도 더 멀어지지도 않고, 지금 우리가 보는 것처럼 그렇게 공존하고 있는 것이다.

나와 만성통증 사이에도 정확하게 평형을 이루고 있는 라그랑주 포인트가 있을 것이다. 아마도 지구와 달 사이의 숫자보다 훨씬 많은 점이 있을지도 모른다. 어쨌든 심각한 통증과 건강상의 문제를 내가 20년 넘게 견디며 아직 죽지 않고 있다는 것은, 그러한 점들이 시간이 갈수록 더 늘어났다는 의미로 해석할 수 있다. 그 점들이 정확히 무엇인지, 어디에 있는지 나는 잘 모른다.

하지만 분명한 것은 내가 나의 통증이나 기능장애를 무조건 박멸하고 제거하려 하지 않았을 때, 오히려 내가 상대적으로 더 건강하고 삶에 충실할 수 있었다는 것이다. 나는 이 지점들을 자꾸 줄여가는 것이 아니라, 계속 늘려나가면서 나의 통증이나 질병과 공존할 방법, 대화할 길을 찾아야 할지도 모른다.

그러나 2018년 가을이 끝나갈 무렵, 나는 완전한 무기력한 상태에 있었다. 19년 가까이 내가 했던 노력이 모두 실패로 돌아간 느낌이었다. 내가 무엇을 더 할 수 있었을까? 고시원에서 책을 읽고 글을 쓰는 것으로 버티고 있었지만, 내 이야기를 들어줄 사람은 아무도 없다는 현실이 나를 가장 힘들게 했다.

고시원으로 간 이유는 한 달 단위로 계약한다는 한 가지 이유밖에 없었다. 하지만 소음에서 벗어난 고시원을 찾는 것은 무척 어려운 일이었다. 나는 파주에서 서울로 돌아온 2018년 6월부터 12월까지, 6개월간 네 군데의 고시원을 거쳤다. 네 번째 고시원에서는 온도계를 방에 비치했다는 이유로 방을 빼라는 고시원 주인과 맞닥뜨려야 했다. 온도 관리는 주인의 고유 권한이라는 것이었다. 이상한 사람을 많이 상대해보았지만, 이쯤 되면 내가 차라리 피하는 편이 더 나았다. 새로 이사 갈 곳을 찾지 못한 채 나흘 만에 바로 방을 비웠다.

영하의 날씨에 나는 내 짐을 길바닥에 쌓아놓은 채 거리만 바라보고 있었다. 짐을 들고 갈 곳을 찾을 수가 없었다. 차가운 바람 속에 계속 서 있을 수도 없어 택시를 잡고 무작정 짐을 실었다. 가다가 가장 먼저 눈에 보이는 고시원 간판 앞에서 내렸다.

나는 이 고시원에서 놀라운 경험을 하게 되었다. 물론 처음에는 그곳에도 낮이든 밤이든 상당한 소음이 있었고, 나는 또다시 새로운 고시원을 찾아보려고 했다. 그런데 한 달쯤 지났을 때, 벽을 마주하고 있던 방의 사람이 '아침에 출근하고, 저녁에 퇴근을 하는 것'이었다. 위아래 층 소음도 없었다. 20년 만에 처음 겪는 일이었다. 저녁에는 어느 정도 소음이 있었지만, 낮에 조용하고, 내가 잠을 자야 할 시간에도 조용해지는 방에 20년 만에 처음으로 살아보게 된 것이다. 물론 이 기적은 겨우 한 달간만 지속되었다.

고요와 평화를 누린 시간이 겨우 한 달이었지만, 그사이에 나는 그때까지 먹고 있던 대부분의 약을 끊었고, 거의 매일 맞았던 침의 횟수를 대폭 줄일 수 있었다. 그 후로도 몇 달 동안 나는 통증이 심할 때를 제외하고는 침을 맞지 않았다.

무엇보다 그 끈질긴 불안이 어느 정도 가라앉자 세상이 다르게 보이기 시작했다. 나무와 꽃이 보이고 새들의 노랫소리가 들렸다. 지나가는 엄마와 아기를 봤을 때는 그렇게 사랑스러울 수 없었다. 이걸 도대체 어떻게 설명해야 할까?

영화 「굿모닝, 베트남」에서는 미군의 코브라 헬기 편대가 베트남의 시골 마을을 '네이팜탄'으로 잔인하게 폭격하는 동안, 루이 암스트롱의 노래 「이 멋진 세상에서What A Wonderful World」가 잔잔히 흐르는 장면이 나온다. 물론 이 모순은 현실의 불합리성을 묘사하기 위해

감독이 역설적으로 설정한 것일 수도 있다. 하지만 그때의 나는 '고통 속에서도 삶이 가진 아름다움을 찾을 수 있다'는 것으로 해석하고 싶었다.

이때 내 몸과 관련하여 정말 중요한 것을 하나 발견하게 되었다. 2011년 공황 발작으로 나는 명상에 관심을 갖게 되었다. 물론 20대에도 명상을 했던 적이 있으나, 공황 발작 이후로는 내 생존과 직결되는 것이었다. 나는 고타마가 깨달음을 얻었을 때 했다는 '위파사나 Vipassana'에 관한 책들을 읽고, 살기 위해 틈틈이 명상을 했다.

존 카밧진은 위파사나를 현대에 맞게 개량해 『마음챙김 명상과 자기치유』에서 'MBSR(알아차림에 기반한 스트레스 완화 프로그램)'을 제시한다. 여기에는 '몸 관찰하기Body Scan'라는 것이 있는데, 끊임없이 통증에 시달리는 나로서는 효과가 있든 없든 매달릴 수밖에 없었다. 문제는 이런 명상을 제대로 하려면 일단 조용하고, 불안하지 않은 곳으로 가야만 한다는 것이었다. 『니카야』에는 고타마가 이제 막 자신의 제자가 된 사람들에게 일관되게 하는 말이 나온다.

> 조용하고 한적한 곳으로 가라! 홀로 앉아라!

나는 지난 20년간 명상의 가장 기본적 조건인 '조용하고 한적한 곳'을 찾을 수 없었다. 이러한 현실이 다름 아닌 나의 트라우마였고, 나는 여기서 벗어나기 위해 악조건에서도 명상을 시도했지만 역시 한계가 뚜렷했다. 만성불안에 푹 젖은 상태라, 소음이 들리지 않아도 나는 계속 불안을 느끼고 있었다. 깊은 몰입은 당연히 어려웠다.

그런데 비록 한 달뿐이었지만 불안에서 어느 정도 벗어나자 나는 안정된 명상 상태에 들 수 있었다. 그때 내 몸이 갑작스러운 경련을 일으키며 마치 스프링처럼 바닥에서 튕겨져 올라가는 것을 경험했다. 몸이 일정 수준의 이완 상태를 지나자, 마치 '더 이상은 안 돼!'라고 소리치는 것처럼 다시 순식간에 경직 상태로 돌아갔다. 당시 내 명상의 깊이는 고수들과 비교하면 '아주 얕은 수준'에 불과했을 것이다. 그런데 그 정도만으로도 내 몸이 그동안 얼마나 경직되어 있었는지를 생생하게 느낄 수 있었다.

그런 진실을 알게 된 이후 나는 그토록 오랫동안 유지되었던 근육의 경직 상태가 완전히 풀어지는 경험을 몇 달 전에 처음으로 했다. 비록 몸 전체도 아니고 잠시 동안일 뿐이었지만, 내 몸의 한 부위가 명상 중에 눈이 녹듯 스르르 풀리는 것을 느낄 수 있었다. 너는 상상할 수 있겠느냐? 20년간 들고 있던 짐을 내려놓았을 때의 그 느낌을?

한 달 동안이었다. 물론 불안이 다 사라지지는 않았지만, 어느 정도 가라앉은 것만으로도 내 몸과 마음은 개선의 징후들을 보이고 있었다. 희망이 다시 보이는 것 같았다.

그러나 다시 한 달이 지나자 소음은 예전에 내가 살았던 곳들과 비슷한 수준이 되었다. 사막을 헤매고 다녔던 사람이 찾은 오아시스에 비유하기에 한 달은 너무 야박했다. 헬렌 켈러는 『사흘만 볼 수 있다면』이란 자서전을 썼는데 나는 한 달을 어둠에서 벗어날 수 있었으니, 그래도 고마운 마음이 들었다. 그리고 무엇보다 나는 변해 있었다.

돈을 버는 것은 당분간 포기했지만, 아니 그랬기 때문에 오히려 나는 소음에서 벗어난 곳을 찾을 수 있다는 실낱같은 기대를 다시 가슴에 품을 수 있었다. 다시 전국을 돌아다니기 시작했다. 내가 살 수 있는 곳을 찾고 싶었다. 아직 회복이란 말을 쓸 단계는 아니지만, 조금 나아진 건강 상태가 이것을 가능하게 했다. 더 물러설 곳이 없다는 각성이 나에게 활력을 주었다.

2019년 9개월에 걸쳐 그저 잠깐 스친 것이 아니라, 내가 그 골목골목을 뒤졌던 곳을 순서대로 열거해보겠다.

> 강남 3구를 제외한 서울 전 지역. 섬들을 제외한 인천 전 지역. 경기 부천과 시흥 전 지역. 경기 평촌, 광명, 김포, 강화 일대. 충북 옥천, 영동 일대. 충남 천안, 금산, 대전, 부여 일대. 강원 춘천, 강릉, 속초, 양양 일대. 경북 대구 일대. 경남 창원, 진주, 하동 일대.

영화 「퓰란」에는 '한 톨의 좁쌀이 저울을 기울게 한다'는 오래된 중국 속담이 나온다. 나 역시 한 톨의 좁쌀 같은 땀방울이라도 더 흘리고 싶었다. 그러나 2019년 9월, 전라도 지역에 대한 탐색을 앞두고 나는 패배를 인정했다. 몸은 다시 예전의 상태로 돌아갔고, 불안은 보란 듯이 왕좌로 복귀했다. 내가 돌아다닌 거리와 그 정밀한 탐색은

「대동여지도」를 만든 고산자 김정호보다 못할 게 없었지만 나는 손바닥만 한 삶의 지도 한 장 얻지 못했다. 희망이 컸던 만큼 절망도 컸다. 나는 이때 30대에 책상 앞에 붙여놓았던, 영국 시인 엘리엇의 시 한 대목을 떠올리게 되었다.

우리는 결코 탐험을 멈추지 않을 것입니다
그리고 우리의 탐험이 모두 끝나고 나면
우리가 출발했던 곳으로 돌아올 것입니다
그리고 그곳에 대해 처음으로 알게 될 것입니다

나는 정말 내가 출발했던 그곳으로 다시 돌아오고 말았다. 그리고 그곳이 얼마나 나를 쉽게 놓아주지 않는지를 뼈저리게 알게 되었다. 번민과 고심의 나날이 다시 시작되었다. 나는 그 여행길에서 이탈리아 사제 조르다노 브루노를 기억했다. 그는 진실을 외면하는 가톨릭 교리에 적응하지 못하고 고난과 방랑의 삶을 살았다. 나폴리, 제네바, 리옹, 툴루즈, 파리, 옥스퍼드, 마르부르크, 비텐베르크, 프라하, 취리히, 베네치아, 로마…….

그럼에도 그는 지구가 돈다는 주장을 굽히지 않았고, 결국 53세의 나이로 로마의 '캄포 디 피오리(꽃의 들판)' 광장에서 화형당했다. 그런 인물과 나를 연결시키는 것은 무엄한 짓인 걸 안다. 다만 나는 그의 삶이 들려주는 불굴의 정신을 기억하고 싶었다.

이때쯤 「나는 자연인이다」 「캠핑카에서 살기」와 같은 동영상을 유심히 보기 시작했다. 산속 오지에서 사는 방법은 당장 내 몸 상태에서는 접근하기가 어려웠다. 먼저 살 수 있는 땅을 구해야 하고, 거기서 살 집을 내가 지어야 했다. 그 정도의 일들을 해낼 건강 상태라면 차라리 일을 다시 하는 게 더 나을 것 같았다.

아예 집처럼 그 안에서 살 수 있는 캠핑카를 사거나 제작하는 것은 돈이 많이 들었다. 앞으로 몇 년간 수입이 전혀 없을 것을 염두에 두었던 나로서는 초기 비용의 부담을 느끼지 않을 수 없었다. 하지만 캠핑카 제작의 초기 비용보다, 관련 업체 사람들을 만나면서 갖게 된 '불신'이 결정을 망설이게 했다. 이미 심신이 피폐해진 나였으나, 수백 가지가 넘는 사항을 검토하고 다양한 경우의 수를 계산하는 작업을 한 달 넘게 해야 했다.

그 당시 내가 살고 있던 곳은 20년간 살았던 곳 중 최악의 소음으로 나를 벼랑 끝에 몰아세우고 있었다. 다시 심해진 통증, 제대로 잠잘 수 없게 만드는 소음들, 탐색 여행의 실패로 인한 절망……. 여기에 캠핑카를 사기 위한 스트레스가 더해지자 나는 견디기 어려웠다.

타협점을 찾아야 했다. 캠핑카가 아니라 일단 그 안에서 다리를 펴고 잠만 잘 수 있는 중고차를 사기로 했다. 가을이 끝나가던 10월 말이었다. 어떻게 겨울을 날지 막막했지만, 침낭이라도 뒤집어쓰고 버티는 한이 있어도 일단 그 끔찍한 곳에서 나가고 싶었다.

나는 11월부터 차숙자車宿者가 되었다. 몇 년간 수입이 없었고, 앞으로도 일을 할 형편이 못 되었기에 중고차 한 대를 구입하기 위해 써야 했던 돈도 내겐 큰 부담이었다. 하지만 선택의 여지가 없었다. 전국을 그렇게 돌아다니면서 내게 남은 모든 힘을 쏟아붓고도, 다시 20년 전의 그 자리에 돌아와 있는 나를 더는 지켜볼 수 없었다.

조선시대에 가장 많이 읽힌 책 중 하나로 정조 때 간행된 『오륜행실도』가 꼽힌다. 이 책을 읽으며, 나는 옛사람들의 정신세계에 대해 경악을 금치 못한 적이 있었다. 내가 가장 놀랐던 것은 한 여인에 대한 이야기였다.

이 여인은 남편이 먼 곳으로 공역을 떠나자, 남은 시부모와 자신의 부모를 모두 혼자서 봉양한다. 양가 부모 모두에게 자신의 허벅지 살을 도려내어 먹이는 이른바 '할고割股'의 정성을 다했다. 양가 부모의 상례를 다 치르고 난 뒤, 그녀는 이미 죽었다는 남편의 유골을 찾기 위해 하늘에 맹세하고 차가운 얼음 위에 눕는다. 만일 죽지 않으면 하늘이 남편의 유골을 찾게 해주겠다는 의미로 받아들이고 한 달을 누워 있었다. 그녀는 죽지 않았고, 자신의 이야기를 옷에 적은 채 무작정 길을 떠나 남편의 유골을 찾아 돌아왔다. 이 이야기의 제목은 '의로운 여인이 얼음 위에 눕다義婦臥氷'이다.

나는 의로운 사람이 아니었고, 허벅지 살을 도려내거나 얼음 위에 누울 만큼 강인하지도 못했다. 다만 나는 더 이상 정말 갈 곳이 없다는, 얼음같이 차가운 현실을 받아들여야 했다. 얼음 위에 누웠던 한 여인의 결심에 비하면, 차 안에 눕기로 한 나의 결심은 낭만적인 것이었다.

하지만 그렇게 해서라도 남편의 유골을 찾고 싶었던 그 여인의 바람과, 그렇게 해서라도 불안에서 벗어난 집을 찾고 싶었던 나의 바람은 닮은 것이라고 생각했다. 거대한 바위산과 작은 돌멩이의 닮음 정도였지만, 나는 남아 있는 힘을 모아 다시 한번 이를 악물었다.

11월 말까지는 차에서 그럭저럭 살 수 있었다. 씻는 것과 용변은 인근 도서관에서 해결했다. 하지만 12월이 되고 기온이 영하로 떨어지면서 차에서 자는 일은 괴로워졌다. 아파트 지하 주차장으로 내려갔다. 거기서 추위를 피해 내려온 길고양이들과 함께 살았다. 밤늦은 시각 아파트 주차장의 고요는 꼭 무덤 속 같은 느낌을 주었다. 차 안으로 들어가 잠을 자려고 하면 그곳은 꼭 관 속 같다는 느낌도 들었다.

섭씨 영하 10도 이하로 떨어지는 날에도 얼어 죽지는 않았지만, 자고 일어나면 온몸이 쑤시고 아파왔다. 다시 한의원으로 가서 침을 맞는 생활이 시작되었다. 갈 때까지 가보자고 버티던 나는 몇 번의 감기 몸살에 시달린 후 더 이상은 안 되겠다고 생각했다.

2019년 전국을 돌아다닐 때, 충남 금산이나 충북 옥천 인근에서 산속에 흩어져 있는 작은 절들을 보았던 기억이 났다. 전화번호를 찾아 무작정 전화를 걸었다. 돈을 낼 테니 당분간만 있게 해달라고. 거절만 당하던 중 마지막으로 전화했던 옥천의 한 절에서 '오라'는 답변을 들었다. 나는 그곳에서 2020년 1월 한 달여를 보낼 수 있었다.

나로서는 그 절에 있는 것이 천국에 있는 것과 같았다. 10시쯤 해가 떠서 3시쯤이면 해가 질 만큼 깊은 계곡 안에, 사람 사는 곳은 그 절 하나였다. 들어갈 때는 물론 숙식비를 냈지만, 어느 정도 시간이 흐른 후 장작을 마련하는 일이나 허드렛일을 도우면서 지낼 수 있었다. 명상을 통해 내 오랜 근육 경직이 완전히 풀리는 경험을 바로 이 절에서 했다. 나는 오랫동안 머물며 내 몸을 조금이라도 회복하고 싶었다.

그러나 그곳의 스님과 보살님은 내 삶의 고난이 '중이 되어야 할 팔자대로 살지 않아서' 발생한 것이라고 진단 내렸다. 내 몸의 통증과 장애도 '신병神病'이라고 불렀다. 그들은 내가 살고 싶으면 빨리 출가를 해야 한다고 했고, 새벽에 일어나 자신들을 따라 기도할 것을 요구했다. 스님은 나에게 경천敬天을, 보살님은 새벽별이라는 뜻의 불성昢星을 법명으로 지어주었다.

빅토르 위고의 『레미제라블』에 나오는 장 발장 생각이 났다. 그는 도둑질을 하려다 그 도둑질을 용서해주는 것을 넘어, 자신의 깊은 아픔을 어루만져준 미리엘 신부를 만나 새로운 사람으로 거듭났다. 나는 도둑질도 하지 않았고, 다만 내가 몸을 회복할 수 있을 때까지만 출가나 새벽 기도를 연기해달라고 요청했다. 그들은 '그럴 거면 떠나라'고 말했다. 그들에게도 내 트라우마에 대해 얘기를 꺼내보았지만, 아무것도 듣지 못하는 것 같았다. 간신히 산을 넘고 나자 늪이 나왔다.

새벽 4시에 일어나 스님을 따라 예불을 해보았다. 너무 힘들어 이틀에 한 번씩만 하면 안 되겠냐고 부탁했다. 일찍 일어나기 위해 일찍 자면 되지 않느냐고 반문할 수도 있을 것이다. 하지만 나는 2010년 이후로 중증의 역류성 식도염을 안고 살았다. 가장 괴로운 것은 위장의 내용물이 역류하는 것을 막기 위해 식사 후 아무리 피곤해도

3시간 반이 지나야 누울 수 있다는 것이다. 게다가 만성통증에 시달리기 시작한 이후로는 잠들기 전에 최소한 1시간에서 1시간 30분 정도는 스트레칭이나 지압을 하지 않으면 안 되었다.

결국 내가 새벽 3~4시에 일어나기 위해 밤 9시에 취침을 하려면 적어도 오후 4시 정도까지는 저녁 식사를 마쳐야 한다는 뜻이다. 사찰에서 이것이 가능할 수 있겠는가? 즉 일과표에 따라 절간 일을 하고, 장시간 좌선도 하는 승려 생활은 내게 쉽지 않았다.

그들의 믿음은 '부처님 앞에서 목숨 걸고 기도하면 병이 낫는다'였다. 그들 역시 고타마가 깨달은 이후에도 만성통증에 시달렸다는 것을 모르고 있었다. 심지어 그들도 한두 가지 만성질환을 가지고 있었다. 『니카야』에는 부처라 불리는 존재가 깨달은 이후에도 '등이 아파서' 제자들에게 설법을 대신하게 하고, 자신은 누워서 쉬는 장면이 여러 차례 기록되어 있다.

소음으로 인한 불안으로부터 벗어난 곳에서 1년 만이라도 충분한 휴식을 취할 수 있다면, 내 몸은 어느 정도 회복될 수 있을 거라고 나는 생각했다. 그들이 부처나 신명神明을 믿는 사람들이라 자부했기에 그들에게 자비를 기대해보았다. 그러나 공감과 소통의 부재는 여전히 나를 짓누르고 있었다.

나는 버텼다. 그러던 2월 초의 어느 저녁, 8년 전에 끊어졌던 왼쪽 다리 뒷부분 근육이 '뚝' 하는 소리와 함께 다시 끊어져버렸다. 나는 더 이상 버틸 명분이 없어져 이튿날 아침 날이 밝자마자 절을 떠났다.

장 발장은 미리엘 신부의 도움으로 새사람이 된 후 이름을 마들렌으로 바꾸고 어려운 사람들을 도우며 살았다. 마들렌이 될 수도 있었던 나는 다시 장 발장으로 돌아갔다. 서울로 올라와 아파트 지하 주차장에서 영하의 밤들을 보냈다.

새벽까지 차 안에서 뒤척이다 나와서 차갑고 어두운 거리를 절룩거리며 걸었다. 그때 달빛요정역전만루홈런이 부른 「절룩거리네」가 떠올랐다. 그는 서른일곱의 젊은 나이에 갑자기 쓰러져 쓸쓸히 세상을 떠났다.

> 이제 난 그때보다 더 무능하고 비열한 사람이 되었다네……
> 아주 가끔씩 절룩거리네
> 지루한 옛사랑도 구역질 나는 세상도
> 나의 노래도, 나의 영혼도, 나의 모든 게 다 절룩거리네

내 삶의 고난이 시작된 이후, 나는 나 자신을 스스로 '밑 빠진 독, 깨진 항아리'라 부르곤 했었다. 만성통증에 시달리는 몸도 그렇거니와, 아무리 채워도 무엇 하나 온전히 담을 수 없는 내 삶이 밑 빠진 독 같았다.

그 불면의 밤을 보내고 나서 나는 이 글을 쓰기로 결심했다. 부득이한 일이었다. 영화 「달마야 놀자」에 나오는 건달들은 밑 빠진 독, 깨진 항아리에 물을 채우라는, 큰스님이 주신 숙제를 풀지 못하면 절을 떠나 자신들에게 험악한 세상 속으로 다시 돌아가야 했다. 신고 있던

고무신에까지 물을 담아 밑 빠진 독을 채워넣으려고 발버둥을 치던 건달들은, 그 절박함의 끝에서 마침내 깨진 항아리를 연못에 그냥 던져버리고 만다.

나는 냉정했던 스님과 보살님을 큰스님으로 받아들이기로 했다. 나 자신이 밑이 빠져 물을 채울 수 없는 항아리였으므로, 차라리 나를 물속에 던져버리는 것 말고는 다른 길이 없었다. 그 깨지고 무엇 하나 담을 수 없는 나와 내 이야기를 알 수 없는 세상에 무작정 던져버리기로 했다.

그리고 이 편지를 너에게 쓰기 시작하면서, 나는 과거를 찬찬히 돌아보게 되었다. 나의 이 길고 무거운 이야기를 너에게 들려주기 위해, 나도 내 지난날의 길고 무거운 이야기를 먼저 들어야 했다. 내 과거가 들려주는 이야기에 귀 기울이면서 나는 내 트라우마에 대한 마지막 오해에서 벗어날 수 있었다.

눈물로 상처를 닦고 먼 길을 돌아온 과거의 내가 지금 상처받고 울고 있는 나에게 조용히, 그러나 일관되게 들려준 이야기가 있었다. 나는 그 이야기를 경청했다. 다시 살아 돌아온 내가 들려주는 이야기를, 앞으로 어떻게 살아야 할지 몰라 절망하고 있던 내가 가만히 들어주었다. 무엇이 더 필요했겠는가?

이제 나는 그 순간 내가 들었던 이야기를 너에게도 들려주고 싶다. 다른 이유는 없다. 나의 이야기를 하고, 네가 이야기를 듣는 것이 지금 여기에 있는 우리의 목적이라고 믿기 때문이다. 이것은 나의 이야기이기도 하지만 동시에 너의 이야기이기도 하며, 모든 사람의 이야기이기도 하다.

# 10.

# 기억,
그 깊은 곳의
이야기

처음 이 글을 쓰려고 책상 앞에 앉았을 때, 마치 오래된 책들의 향기처럼 내게 친근하게 다가왔던 기억이 하나 있다. 그러나 나는 그 기억을 떠올리고는 한동안 아무것도 하지 못한 채 탄식만 내뱉었다.

트라우마로 인해 본격적으로 피폐해져갈 때인 2004년 여름, 나는 대학원 진학을 결정하고 몇 권의 책을 연이어 읽고 있었다. 정약용의 『흠흠신서』, 최제우의 『용담유사』, 신영복의 『감옥으로부터의 사색』, 경영학자 짐 콜린스의 『좋은 기업을 넘어 위대한 기업으로』였다. 그런데 그 책들을 읽으면서 나는 이상한 공통점을 발견했다.

다산은 18년간 유배생활을 했고, 수운은 '장궁귀상藏弓歸商'을 외친 후 10년 넘게 전국을 떠돌았다. 신영복은 무기징역을 선고받고 무려 20년간 감옥에서 수감생활을 했다. 콜린스 교수의 책에 소개되어 '스톡데일 패러독스'로 유명해진 스톡데일 장군은 8년간 베트남의 포로수용소에서 목숨을 건 포로생활을 했다.

나는 왜 하필 지독한 고난의 삶을 살았던 이들의 이야기를 거의 동시에 읽게 된 것일까? 어쩌면 나는 그 후 이어질 나의 긴 고통의 시간을 예감하고 있었던 것인지도 모른다. 앞서도 말했지만 융은 이런 현상을 '동시성의 원리'가 작용하는 것이라고 지적했다. 당시에 나는 이런 생각이 드는 것이 끔찍해 애써 부정하려고 했다. 하지만 지금 돌아보면 그때 나는 부정할 수 없는 어떤 불길한 징조와 외나무다리 위에서 마주치고 있었던 것 같다.

실제로 내 삶은 그렇게 되었다. 변방으로 소외됐고, 무작정 떠돌았고, 오랫동안 갇혀 있었고, 무엇보다 불안 속에서 홀로 통증과 사투를 벌여야 했다. 하지만 내 암울했던 삶의 표상과도 같았던 그들에게서, 그 가시밭길을 용케도 쓰러지지 않고 걸어갈 수 있게 해주었던 위로와 힘을 얻기도 했다. 슬픈 역설이 아닐 수 없다. 나는 그들에게 깨어 있음, 작은 것으로 만족하는 삶, 어떠한 경우에도 자신의 신념을 포기하지 않는 불굴의 정신 그리고 따뜻한 마음을 배웠다.

내가 만일 그토록 가혹한 트라우마를 갖지 않았다면, 나는 독서와 글쓰기에 이토록 매달리지 않았을 것이다. 수천 곡의 음악을 듣거나 수백 편의 영화를 보지도 않았을 것이다. 수많은 사람을 만나지도, 수만 킬로미터에 이르는 여행을 하지도 않았을 것이다. 명상을 하거나 인간 본성에 대해 숙고하지도 않았을 것이다. 라이너 체흐네 박사가 지적한 것처럼, 트라우마가 내 인격을 만들었다는 것을 나는 인정하지 않을 수 없었다.

그러나 나는 여전히 조용한 방에 한가로이 앉아 초여름 초저녁의 소쩍새 울음소리, 가을 달밤의 귀뚜라미 울음소리를 들으며 지내던 때가 그립다. 트라우마가 아니었으면 나는 정녕 그렇게 살았을 것이다.

처음 이 글을 쓰기 시작했을 때, 나에게는 이렇게 어둡고 고통스러웠던 기억만이 길 잃은 아이처럼 다가왔다. 나의 기억이었지만, 그 이야기를 듣는 것은 정말 힘들었다. 하지만 내가 기억해주지 않으면 다시 어둡고 먼 곳으로 사라져갈 그 이야기들이 안쓰러워, 그 기억을 내 가슴에 안을 수밖에 없었다.

하지만 하나의 기억이 살아 돌아오자 그것은 골목길처럼 다른 기억들과 연결되기 시작했다. 이 글을 쓰기 시작한 지 두 달쯤 되던 어느 날 또 하나의 기억이 노랫소리처럼 들려왔다.

우리 가족에게 첫 번째 고난의 시간이 오기 직전이었던 1998년 여름, 당시 내가 다니고 있던 회사에서는 나를 프랑스 월드컵에 보내준 적이 있었다. 그 회사의 가장 큰 협력 업체였던 한 글로벌 기업에서 한 명을 추천해달라고 했을 때, 모든 상사가 나를 지목했다. 아마 내가 일을 많이 해서였을 것이다.

비행기가 끝없는 러시아 대평원 상공을 날고 있을 때였다. 잠들었다가 문득 깨어난 나는 무심코 좌석의 이어폰을 귀에 꽂았고, 강산에가 부른 「거꾸로 강을 거슬러 오르는 저 힘찬 연어들처럼」을 듣게 되었다. 나는 마치 무엇엔가 홀린 듯 이 노래를 들었고, 내가 한 마리 연어가 되어 헤엄치고 있다는 느낌을 받았다. 어쩌면 나는 그때 우리 가족의 불운과 그럼에도 결국 그리로 되돌아가야 하는 나의 고난을 예감하는, 어떤 징조와 이미 마주치고 있었던 것인지도 모른다.

걷고 있던 내게 갑자기 이 기억이 떠올랐을 때 나는 오열했다. 옆 골목으로 몸을 피한 뒤 나는 목 놓아 울면서 이런 말을 중얼거리고 있었다.

나는 돌아가야 한다. 꼭 돌아가야 한다. 내 가족과 친구들의 곁으로, 내 마음의 고향으로.

거기서 죽는 한이 있더라도 내 심장이 뛰고 있는 한, 나는 거꾸로 강을 거슬러 오르는 저 힘찬 연어들처럼 나의 여행을 결코 멈출 수 없다는 것을 그 기억은 알려주고 있었다. 그 앎은 슬픔도 아니었지만, 그렇다고 기쁨도 아니었다. 그저 물살에 고단한 몸을 던져야 했던 연어들이 느꼈을 어떤 묵직함이었을 뿐이다.

그날은 일찍 잠을 청했다. 몸에서 무언가가 다 빠져나가버린 느낌이었다. 그런데 잠은 오지 않았고, 지하 주차장의 차 안에 누워 있던 내게 또 하나의 기억이 밝아왔다.

아마 1989년 5월쯤이었을 것이다. 학생 운동에 뛰어들기로 결심했던 나는 하루가 어떻게 가는지도 모를 만큼 바쁘게 살고 있었다. 캠퍼스를 걷고 있던 내게 우리 과의 한 여학생이 다가왔다. 그 친구는 학과 학생회에서 단체로 주문한 티셔츠를 찾으러 가는 길이었다. 티셔츠를 혼자 다 들고 오기 힘들 테니 같이 가자고 청하는 것 같았다.

나는 그 친구를 따라갔고, 가게에서 학생회가 주문한 것과 다르게 인쇄되어 나온 티셔츠를 보았다. 가게 주인은 가격을 좀 깎아줄 테니 기왕 인쇄된 티셔츠를 가져갈 것을 요구했다. 나는 그럴 만한 권한도 의무도 없었지만, 단호히 거부했다. 학생회가 주문한 단체 티셔츠에는 옷 이상의 의미가 있었다. 그 친구와 나는 티셔츠를 그대로 둔 채 학생회 사무실로 돌아왔다. 학생회장은 '그렇다면 네가 티셔츠를 다시 도안해보라'면서 목각 판화집 한 권을 건넸다.

나는 학생회장에게 한 그림을 넘기면서 티셔츠의 색상은 새벽을 상징하는 푸른색으로 하고, 짧지만 내가 가장 좋아하는 이 문구를 넣어달라고 요청했다.

이제 다시 시작이다!

그 학생회장은 나와 함께 벤처기업을 창업한 후 나를 배신했으며, 젊은 나이에 세상을 떠난 바로 그 선배였다. 그리고 티셔츠를 찾으러 같이 가자고 청했던 그 여학생은 훗날 내 인생의 첫사랑이 된 사람이었다. 나는 그해 겨울 해질 무렵 학교 언덕에서 그녀에게 노래 한 곡을 불러주고, 내 마음을 고백했다.

첫 번째 기억이 떠올랐을 때 나는 몸서리를 쳤으며, 두 번째 기억 앞에서는 아이처럼 오열했다. 그러나 이 세 번째 기억이 다가왔을 때, 나는 해도 뜨지 않은 새벽에 차 안에서 나와 지하 주차장의 고요를 말없이 쳐다보기만 했다. 나도 모르게 눈물 한 방울이 볼을 타고 흘렀다. 그런데 이 기억은 잊고 있던 또 하나의 기억을 생생히 되살려주었다.

나는 그녀와 헤어진 후 27년이 흐른 지난해에 그녀를 혼잡한 길 위에서 우연히 '발견'하게 된다. 그때 나는 인파로 붐비는 종로 인사동 한 거리에 서서 시를 쓰고 있었다. 스마트폰 화면에 몰입하다가 잠시 눈을 들었을 때, 내게는 도저히 잊을 수 없는 어떤 몸짓 하나가, 그 많은 사람 사이에서 한눈에 들어왔다. 여러 명의 일행과 함께 아주 짧은 순간에 지나가버렸고, 뒷모습만을 슬쩍 본 것이지만, 나는 그 몸짓을 바로 기억할 수 있었다. 그녀의 찰랑거리는 걸음걸이였다.

나는 헤어진 후 단 한 번도 그녀를 만나지 못했고, 그녀가 미국에 살고 있다는 얘기만 들었다. 이미 그녀의 나이가 쉰을 넘기고 있을 때였다. 설사 닮은 사람을 보았더라도, 이것저것 꼼꼼히 따져보고 나서야 판단할 수 있을 만큼 세월은 흘러 있었다. 그러나 나는 이런저런 생각을 하기도 전에 즉각 그녀임을 확신했다. 그것은 머리로 기억한 것이 아니었다. 온몸으로 기억한 것이었다.

기억은 단지 뇌세포뿐만 아니라 온몸 구석구석에 저장되고, 기억 자체가 하나의 생명으로 생로병사를 겪어낸다고 생각한다. 기억이 곧 또 다른 나요, 나의 친구다. 기억이 곧 그 안에서 내가 살아가는 가족이며, 사회인 것이다. 그래서 기억한다는 것은 우리가 기억하는 것보다 훨씬 신비로운 과정일지도 모른다.

요하임 바우어의 『몸의 기억』은 신경생물학과 분자생물학의 최신 연구 결과를 인용하여 설명한다. 우리는 기억을 단지 유전자의 문제로만, '물질적이고 육체적인 과정'의 문제로만 보는 것에 익숙해져 있다. 바우어는 '유전자와 신경세포망 그리고 우리의 인간관계가 서로 긴밀하게 상호 작용한다'고 말하며, '원인을 규명할 수 없는 통증에 시달리는 환자들은, 어떤 고통스러운 기억에 그 원인이 있다'고 지적했다.

트라우마는 머리로만 기억한 사건으로 인해 일어난다고 많은 학자가 말한다. 그런 기억은 쉽게 왜곡되고 대부분 빨리 잊힌다. 때문에 정말 중요한 기억들이 몸속 깊은 곳 어딘가, 일상과 먼 어딘가로 숨어버릴 때 트라우마가 시작된다. 불안이나 통증, 삶의 고통을 통해 그렇게 숨어버린 기억은 자신의 존재를 끊임없이 알린다. 그 치유는 몸의 어둡고 깊은 곳에 저장된 기억을 밝은 의식의 영역으로 초대하는 것으로부터 시작될 수밖에 없다. 트라우마와 싸우고 그로부터 벗어날 수 있는 힘의 단서는, 그래서 머리가 아닌 온몸으로 기억해내는 것에 있다고 나는 생각한다.

피터 레빈은 '트라우마의 치유는 몸의 치유와 함께 시작된다'고 강조했다. 몸의 통증이 곧 트라우마의 기억이며, 그 기억을 되살려내지 않으면 계속 통증을 일으키겠다는 강력한 경고라는 것이다. 가족 치료사로 잘 알려진 존 브래드쇼는 『상처받은 내면아이 치유』에서 이렇게 요약했다.

> 성인이 그들의 진짜 고통을 회피하는 방법은 '머리에만 머무르는 것'이다. (…) 우리가 머리에만 머무른다는 것은 일종의 '자기방어 기제'다. 대상에 집착함으로써 느낄 필요가 없어지는 것이다.

더불어 나의 기억만이 아니라 나와 밀접한 관련이 있는 사람들에게서도 나를 도울 수 있는, 그들의 기억을 되살려내는 게 필요할 것이다. 브래드쇼는 한 개인의 문제가 가족과 분리될 수 없기 때문에 그 치유에 가족 전체가 참여해야 한다고 보는 '가족심리학' 이론을 제시한 사람이다. 그는 또 다른 책 『가족』에서 이렇게 말한다.

> 나 자신에 대해 내가 처음으로 갖게 된 신념들은, 나를 대하는 어머니의 감정들과 어머니가 나에게 원하고 바라는 것들로부터 형성되었다.

가족심리학 이론은 가족 체계의 부정적인 면을 강조하는 경향이 있다. 한 개인의 문제가 대부분 부모로부터 물려받은 것이며, 그 부모의 문제는 또 그 부모로부터 물려받은 것임을 지적한다. 그래서 심각한 트라우마를 겪고 있는 사람들에게는 '부모와 결별하고 떨어져 살라'고 권고하기도 한다.

이러한 연구와 주장에도 진실성이 있지만 치유에 더 초점을 맞춘다면, 그 부모와 가족에게도 여전히 남아 있는 치유의 단서를 찾는 데 더 관심을 갖는 것이 필요하다고 생각한다. 어릴 때 상처받았던 부모에게도 그 상처를 견디고 싸웠던 기억이 분명 남아 있을 것이다. 머리가 아니라 몸 깊은 곳 어딘가에 아직 있을 것이다. 이것을 온몸으로 기억해낼 수 있도록 내가 도와야 하지 않을까? 『루트비히 포이어바흐와 독일 고전 철학의 종말』에서 '철학자들은 세상을 여러 가지로 해석해왔을 뿐이나, 중요한 것은 세상을 변화시키는 것이다'라고 마르크스는 말했다.

한자문명권에서 성인聖人의 대명사로 불리는 사람 중에 순舜이라는 전설적인 임금이 있다. 그의 아버지 고수瞽叟는 지붕에 올라간 순을 죽이기 위해 사다리를 치우고 불을 질렀으며, 구덩이를 파게 한 후 그 구덩이를 메웠다고 전해진다. 그러나 순은 아버지를 원망하지 않았고, 그 상황에서 교묘하게 몸을 피해 아버지가 죄를 짓지 않게 했다고 한다.

물론 이러한 이야기들은 신화일 뿐이다. 우리가 자주 쓰는 '모순矛盾'이라는 말도 한비자가 순임금이 과연 성인이었는지를 논증하면서 사용한 것이다. 또 고수라는 말은 '눈먼 장님'이라는 뜻으로 이것이 신화임을 암시한다. 우리나라의 대표적인 효녀 심청이의 아버지 심학규도 장님으로 등장한다.

그러나 나는 이런 이야기가 신화라는 것에 오히려 주목한다. 신화와 전설, 동화, 민요처럼 오랫동안 사람들에게 전승된 이야기에는, 융이 『무의식이란 무엇인가』에서 말한 것처럼 '한 개인의 자아의식과 특성을 넘어서는 인류 보편의 원형原型'이 포함되어 있다. 융은 이것을 '집단 무의식'이라고 불렀다. 쉽게 말해 인간 모두가 공통으로 가지고 있는 어떤 기억이 신화와 전설로 표현된다는 것이다. 이것은 아주 오래되고 깊은 곳에 있는 기억이다. 이 기억을 외면할 때 융은 우리가

'신경증'에 걸린다고 경고했다.

그리스의 '오르페우스 신화'는 자신을 죽여 사랑하는 아내를 구하는 이야기다. 그는 아내 에우리디케가 뱀에 물려 죽자 저승까지 내려가 그녀를 구해오다, 뒤를 돌아보지 말라는 저승 신들의 경고를 어겨 죽고 만다. 자신의 죽음을 각오하고, 죽은 것이나 마찬가지인 가족을 되살려낸다는 이야기가 순임금이나 심청이의 그것과 닿아 있다.

이렇게 부모를 포함한 가족의 트라우마가 한 개인의 트라우마로 드러나는 현상을 상징하고 있는 신화의 정점에 '바리공주 이야기'가 있다. 바리공주는 전국의 거의 모든 지역에서 무당들에게 신으로, 어머니로 섬김을 받는다. 몇 가지 다른 전승이 있지만, 『한국민속문학사전』에 나오는 기록을 중심으로 요약해본 그녀의 기구하고도 놀라운 이야기는 이렇다.

바리는 일곱 번째 딸로 태어나자마자 부모로부터 버림받는다. 버려져서 '바리'라는 이름을 얻게 되었다. 그런데 부모가 죽을병에 걸렸고 그것을 치유하기 위한 약은 오직 저승에서밖에 구할 수 없었다. 여섯 명의 언니는 모두 그 역할을 회피했고, 부모는 자신들이 버린 바리를 되불러들였다. 바리는 저승으로 여행을 떠나 간난신고를 다 겪는다. 무장승이라는 저승의 존재에게 일을 해주고 그의 자식까지 낳아 기르고는 약을 구해 돌아와 이미 죽은 부모를 약으로 되살려낸다.

이러한 신화들의 바탕에는 나 자신의 삶이 가족이나 사랑하는 사람들과 분리될 수 없다는 믿음이 깔려 있다. 그렇지 않다면 저승세계로 상징되는 죽음까지 각오할 순 없기 때문이다. 설사 내가 죽더라도 가족이나 사랑하는 사람의 상처를 외면하지 않을 때 내 삶이 온전해질 수 있다는 것을 인류는 오래전부터 알고 있었다.

이러한 측면은 기억의 상대적 의미와 절대적 의미의 차이를 설명해준다. 즉 한 개인이 자신에게 있는 기억만 회복하는 것이 상대적 의미라면, 가족과 공동체, 나아가 인류 전체의 기억을 회복하는 것은 절대적 의미다. 이 두 가지 차원의 의미가 온전해질 때 기억은 그 당사자들에게 기억 이상의 지혜를 줄 수 있다.

나 역시 나의 트라우마가 가족, 나아가 모든 인간의 트라우마와 분리될 수 없다는 것을 과학과 신화를 공부하며 배울 수 있었다. 내가 기억해내야 할 깊은 곳의 기억은, 가족들이 기억해내야 할 깊은 곳의 기억과 어떤 식으로든 연결되어 있을 것이다. 또 거기서 한발 더 들어가면, 인류에게 누적되어온 수많은 기억의 원형들과도 닿아 있을 것이다.

하지만 기억이 실제로 일어났던 일만을 전하지 않는다는 것을 나는 알고 있다. 1980년대 미국에서는 소위 '기억회복 운동'이라는 것이 일어났다. 과거의 끔찍한 기억을 심리치료나 최면 기법으로 회복해 진실을 밝히자는 것이었고, 이 과정에서 가족 내의 성폭행과 같은 문제가 폭로되면서 엄청난 사회적 반향을 일으켰다. 그런데 1989년 '조지 프랭클린 사건'이라는 황당한 일이 발생한다.

그는 자신의 딸에 의해 살인자로 고발되었는데, 그 딸이 최면을 통한 심리치료에서 회복한 기억만이 유일한 근거였다. 그는 유죄 평결을 받고 6년 넘게 복역했지만, 그 후 무죄가 입증되었다. 심리학과 교수였던 엘리자베스 로프터스는 이 사건과 우리가 가진 기억의 불안정성을 분석해 『우리 기억은 진짜 기억일까?』라는 책을 썼다. 그는 우리 기억이 자신이 속한 사회 환경이나 태도에 의해 변형되고 때로는 왜곡된다는 것을 많은 사례를 통해 밝히고 있다.

노벨 생리의학상 수상자인 에릭 캔델과 심리학자 래리 스콰이어가 쓴 『기억의 비밀』은 생명체의 기억 과정에 관한 연구의 고전으로 꼽힌다. 이 책에서 캔델은 바다 달팽이인 군소에 대한 연구를 통해, 기억은 뇌세포가 물리적으로 변하는 '시냅스 가소성Synaptic plasticity'으로 이루어진다는 것을 증명하고, 주로 뇌세포와 신경계에서 이루어지는 물질적인 변화로 기억을 설명한다.

문제는 이 변화가 돌이나 하드디스크와 같이 죽어 있는 것에서 이루어지는 것이 아니라, 살아 있는 세포와 신경계 그리고 그것들을 살아 있게 하는 전체로서의 몸 안에서, 나아가 그 몸을 또 살아 있게 하는 전체로서의 사회 안에서 이루어진다는 것이다. 즉 기억은 그 자체가 마치 하나의 생명체처럼 역동적일 수 있다.

영화 「이터널 선샤인」은 과학의 도움으로 인간의 특정 기억과 관련된 뇌세포의 데이터를 삭제하면 그 기억을 없앨 수 있다는 가정 하에 시작된다. 조엘은 헤어진 연인 클레멘타인과의 고통스러운 기억을 없애기로 한다. 하지만 기억이 사라질수록 조엘은 자신도 모르는 어떤 충동에 따라 클레멘타인을 만났던 곳 주변을 배회한다. 자신이 왜 거기에 가는지 전혀 모르면서 말이다. 기억은 단지 뇌의 문제, 특정

신경세포에 하나의 화학적, 전기적 신호로만 존재하는 데이터의 문제가 아닐 수 있음을 이 영화는 암시하고 있다.

MIT대학 신경의학과 의사였던 수잰 코킨은, 뇌의 일부를 제거하는 수술을 받은 후 더 이상 새로운 장기기억을 만들 수 없었던 환자 헨리 몰레이슨과 무려 46년간 인간적인 유대를 이어가며 몰레이슨의 기억을 연구했다. 코킨은 이 연구를 통해 『어제가 없는 남자, HM의 기억』을 쓰고, 기억에 대한 흥미로운 연구 결과를 발표했다.

이 책에서 코킨은 기억의 가장 중요한 세 과정인 '부호화Coding, 저장Storage, 인출Retrieval'을 설명하면서, 한번 인출되었던 기억이 변형되어 다시 저장될 수 있다고 주장했다. 우리가 무엇을 기억한다는 것을 신경과학 용어로 표현하자면, 저장된 정보를 다시 끄집어내는 인출 과정이라고 할 수 있다. 코킨은 이 인출이 단지 컴퓨터 하드디스크에서 고정된 데이터를 불러오는 것같이 기계적이고 단순한 과정이 아니라는 것을 발견했다. 훨씬 복잡한 작용이 일어나는 하나의 재건 과정임을 알게 되었던 것이다. 즉 기억은 인출될 때마다 바뀔 수 있으며, 이것이 새로운 장기기억으로 다시 저장될 수 있었다.

일본 영화 「커피가 식기 전에」는 이러한 기억의 변화를 다루고 있다. 영화에는 '커피 한 잔이 식기 전'까지의 짧은 시간 동안만 과거로 돌아가 다시 과거의 사건을 경험할 수 있게 해주는 신비한 커피숍이 등장한다. 이것은 과거를 재기억하는 과정에 대한 하나의 상징과 은유다. 하지만 그 커피숍의 직원인 카즈는 '단, 이미 일어난 사건은 변하지 않는다'라는 단서를 달아둔다. 다만 자신이 몰랐던 새로운 사실을 발견하고 그 사건의 의미를 새롭게 해석할 수 있으며, 그로 인해 기억이 변할 수 있음을 암시하는 것이다.

이 커피숍에서 후미코는 이미 헤어진 남자친구를 다시 만나고, 야에코는 일찍이 죽은 여동생을 다시 만난다. 아무것도 변하지 않은 현재로 되돌아오지만, 그들은 변화된 자신을 경험한다. 후미코는 남자친구를 만나러 멀리 미국까지 여행을 떠나고, 야에코는 죽은 여동생에게 미안하지 않은 삶을 살기 위해 최선을 다해 가업을 이어간다.

아예 과거의 사건이 실제로 바뀌는 것을 다룬 영화도 있다. 「프리퀀시」는 30년 전 화재 현장에서 숨진 소방관 프랭크와 오로라의 신비로운 힘에 의해 아들 존이 무선통신을 하면서, 프랭크가 죽지 않고 그 사건을 모면하게 되는 설정으로 전개된다. 하지만 그렇게 변화된 과거의 사건은 마치 '카오스 이론'에 나오는 나비처럼 무수한 것을 변화시켜 오히려 현재의 존에게 불행을 안겨준다.

과거가 실제로 바뀐다는 것은 우리 바람처럼 그렇게 바람직한 것이 아닐 가능성이 높다. 하나가 바뀌면 전체가 바뀐다. 하지만 과거의 사건에 대한 현재 태도나 관점이 바뀌면, 그 사건의 의미를 재해석할 수 있게 되고, 그러면 그 사건과 관련해서 미묘하게 때로는 근본적으로 변화된 기억을 새롭게 갖게 될 수 있다.

즉 일반적으로 기억이 바뀐다는 것은 사기꾼 최면사에게 속은 조지 프랭클린의 딸처럼 있지도 않았던 사건의 기억을 만드는 것과 같은 극단적인 경우를 말하는 것이 아니다. 이는 한쪽으로 치우친 관점으로만 역사를 공부하다가, 균형 잡힌 관점으로 역사를 새롭게 공부하는 것과 같다. 다시 말해 새로운 사관史觀을 갖게 되었다고나 할까. 우리가 미처 몰랐던 사실을 발굴하고 사건의 의미를 재해석함으로써 지금 여기의 문제에 좀더 지혜롭고 온전하게 대처하는 것이다. 우리가 역사를 공부하는 목적과 한 개인이나 가족이 자신들의 기억을 되살리는 목적은 다를 수 없다.

그러니까 기억은 완전히 객관적인 것도 아니고 주관적인 것도 아니다. 객관과 주관 '사이'에 있고, 객관과 주관 '너머'에 있을 것이다. 이것을 철학적으로 표현한 말이 '간주관성Inter Subjective' '숨 쉬는 객관성Exhale Objective'이다.

간주관성은 우리의 가치관이나 기억에 우리에게 익숙한 공동체가 많은 영향을 미친다는 뜻이다. 많은 학자가 이 개념을 사용한다. 숨 쉬는 객관성은 간주관성에 대응되는 것으로 내가 만든 말이다. 간주관성을 인정한다 하더라도, 우리는 우리가 잘 모르는 존재와 사건들에도 영향을 받으며 살아간다. 이러한 미지의 것들이 우리의 가치관과 기억을 미묘하게 변화시킬 수 있다. 예를 들어 나의 이 글쓰기와 기억에는 코로나 바이러스의 대유행이라는 내가 전혀 알지 못했던 힘도 작용하고 있다.

정리하자면 간주관성은 내가 아는 것들이 나에게 작용하는 힘을, 숨 쉬는 객관성은 내가 모르는 것들이 나에게 작용하는 힘을 의미한다. 좀 어렵게 들릴 수도 있겠으나, 이 두 영향력을 우리에게 친근한 말로 간단히 바꾸자면 바로 불교에서 말하는 '인연因緣'이다. 기억하는 것에는 인연이 있다. 내 기억에는 내가 속한 공동체가 중요하게 여기는 가치와 관점이 하나의 틀로 작용한다. 또 내가 모르는 무수한 힘이 나에게 여러 방식으로 영향을 미칠 때 내게 있는 깊고 오래된 기억들이 자극을 받는다.

과거를 기억한다는 것은 무엇보다 내가 과거의 나에게 공감한다는 뜻이다. 지적인 이해를 넘어 과거의 나를 살아 있는 그대로 마주하고, 그 과거의 나와 현재의 내가 함께 살아가는 것이다. 과거는 이미 지나갔고 변할 수 없다. 그렇다면 있는 그대로의 과거를 받아들여야 한다. 잘했건 못했건, 어떤 성취가 있었건 상처가 남았건, 나 자신이 먼저 받아들여주지 않으면 과거의 나는 깊은 곳으로 숨거나 귀신처럼 구천을 떠돌 수밖에 없다. 이렇게 공감과 기억은 서로 분리될 수 없는 유기적인 과정이다.

그래서 치유를 위한 과정에서의 기억은 꼭 힘들고 아픈 기억만 다시 떠올리는 것이 아님을 우리는 기억해야 한다. 사별을 경험한 사람들을 직접 만나 대화를 나누면서 '애도哀悼'에 대해 연구했던 임상심리학 교수 조지 보나노는 『슬픔 뒤에 오는 것들』에서 일반인과 과거 심리학자들의 상식을 뒤집는 주장을 제기한다. 20년간의 연구를 통해 그는 '사랑하는 사람의 죽음과 같은 크나큰 상실을 겪었을 때에도 인간의 감정은 온통 슬픔에 의해 지배되는 것이 아니라, 안도감이나 행복감 등과 같은 긍정적인 감정들과의 사이에서 마치 시계추처럼 왔다 갔다 한다'고 말한다.

그는 자신이 직접 만나본 수많은 사람의 사례를 인용해 '트라우마가 될 수도 있는 큰 비극 앞에서도 사람은 웃을 수 있다'고 말한다. 그런 상황에서도 슬픔과 해방감 혹은 절망과 행복감이 동시에 마음 속을 오가는 것이 복잡한 인간 감정의 본질이며 지극히 인간적인 현상이라고 했다. 그리고 이런 식의 '감정이 갖는 시계추 운동'을 잘 겪어낸 사람들이 더 건강하게 회복된다고 주장했다.

보나노의 연구 결과처럼 기억과 공감의 핵심은 고통스럽거나 슬픈 기억, 부끄럽거나 화나는 기억들뿐만 아니라, 그 반대편에 있는 기억들도 모두 기억하고 공감하는 것이 아닐까. 있는 그대로 기억할 때 우리는 있는 그대로 공감할 수 있다.

그리고 이러한 기억에는 당연히 그 기억과 긴밀히 연관된 사람들이 함께 참여해야 한다. 나 혼자만으로는 충분하지 않다. 그들에게 있는 기억은 나의 기억과 다를 수도 있기에 퍼즐을 맞추듯 그 기억을 함께 완성시키는 것이 필요하다. 우리의 기억 속에 여전히 해결되지 못하고 있는 어떤 에너지를 잘 달래어 인류 전체의 기억이 넘실대고 있는 바다까지 잘 흐르게 하는 것이다.

우리가 현재라고 의식하는 순간, 그것은 이미 과거가 되어버린다. 현재는 찰나일 뿐이다. 후앙 마투스는 카를로스의 『무한한 힘이 전하는 이야기Tales of power』에서 우리가 안다는 것은 사실 기억하는 것이라고 했다. 그래서 과거와 현재를 비유하자면 거대한 바다와 작은 물고기 한 마리와 같다. 그런데 그 작고 연약한 물고기의 마음이 어떠한가에 따라 그 바다가 다르게 반응할지 모른다.

신영복은 『강의』에서 '과거는 현재와 미래의 디딤돌이면서 동시에 짐이기도 하다. 그리고 짐이기 때문에 지혜가 되기도 할 것이다. 그것을 지혜로 만드는 방법이 대화'라고 했다.

마지막으로 기억과 관련하여 너에게 한 가지를 더 이야기하고 싶다. 『상윳타 니카야』를 번역했던 각묵은 한 역주譯註에서 부처의 이야기에 항상 같이 등장하는 '마라', 즉 우리에게는 악마로 번역되는 말의 어원에 대한 의미심장한 분석을 했다.

각묵은 고대 인도인들이 우리말의 '기억' '악마' 그리고 '깨어 알아차림 혹은 마음챙김'이 서로 분리될 수 없는 관계에 있음을 '사티sati'라는 말을 통해 표현하고 있다고 주장했다. 그의 견해를 따를 경우 무언가를 기억하는 것은 우리가 악마와 같은 어떤 힘에 의해 환상과 착각에 빠지지 않도록 깨어 알아차리는 과정이다. 사티는 고타마가 강조했던 팔정도八正道의 하나다.

이렇듯 기억의 여러 성질을 아는 것은 트라우마의 치유에 결정적인 역할을 할 수 있다. 내가 기억에 관해 공부했던 것은 이러한 이유에서였다.

이 과정에서 트라우마 치유의 단서는 온몸으로 기억해내는 것에 있음을 나는 배웠다. 이때의 온몸은 공간적인 의미만이 아니라, 전력을 다한다는 의미이기도 하다. 나의 기억뿐만 아니라 관련 있는 모든 사람의 기억, 나아가 인류 전체의 기억 모두를 되살려낸다는 의미도 포함된다. 그런데 어떻게 되살려낼 것인가?

그 열쇠는 현재에 있다는 것 또한 배울 수 있었다. 현재의 내 태도와 자세에서 말이다. 내가 트라우마에 굴복하지 않을 때, 온몸으로 트라우마와 맞설 때, 많은 사람이 트라우마로 고통받고 있다는 사실을 잊지 않을 때, 시공간을 넘어 우리 온몸에 저장되어 있는 어떤 기억이 되살아날 것이다.

오랫동안 잊히고 사라졌던 기억들에는 공통점이 있었다. 트라우마가 왜 일어났는지 혹은 왜 심화되었는지에 대한 단서와, 트라우마에 내가 어떻게 견디고 싸워야 하는지에 대한 단서가 함께 담겨 있었다. 지금까지 살아온 모든 과정의 기억에는 적어도 이 두 가지 측면이 항상 공존하고 있을 것이다. 이 기억들을 소중하게 간직하며 나는 계속 앞으로 나아가고 싶다. 이제 다시 시작이다.

# 11.

# 살아 있는 목적

나는 지금까지 무슨 힘으로 스스로를 버티게 했던 것일까? 또 무슨 힘으로 앞으로를 견뎌낼 수 있을까? 트라우마가 시작된 이후 내 삶에 낮은 없고 밤만 있었다는 느낌이 든다. 전쟁이라는 트라우마를 겪어야 했던 이순신은 『난중일기』에 아픈 기록을 남겼다. 장군은 1597년 어머니께서 돌아가셨다는 소식을 백의종군하는 길에서 듣고 '하늘에 솟아 있는 해조차 어두워 보였다'고 적었다. 얼마 후 셋째 아들의 전사 통지를 받고는 '천지가 깜깜하고 해조차 빛이 변했구나'라고 술회했다. 우리가 눈으로 보는 빛은 빛의 전부가 아니다.

아침이 영영 오지 않을 수도 있다고 생각한 나는 애써 밝은 빛을 찾기보다 밤하늘의 달과 별을 보면서, 어느 창가의 작은 촛불이 들려주는 이야기를 들으며 그 밤들을 간신히 견뎌냈던 것 같다. 그때 앞 못 보는 가수 호세 펠리치아노가 부른 「케 사라Che sara」의 마음가짐도 한몫했다. '케 사라'는 '될 대로 되라'로 사람들이 흔히 번역하지만, 사실은 '될 일은 된다'의 의미다.

그러나 그렇게 지금껏 나를 살아오게 했던 힘들에 힘을 주는, 더 근원적인 힘이 있음을 이제는 조금 안다. 조심스럽게 이 이야기를 하고 싶다. 불안증이나 우울증 검사를 하다보면, '평소 죽음을 얼마나 생각하는가'라는 항목이 반복해서 나온다. '많이 한다'에 체크를 하면 그 사람은 불안하고 우울한 사람이라고 나올 가능성이 높다. 이것이 바로 현대 심리학과 정신의학의 한계 중 하나다. 죽고 싶다거나, 죽음이 두렵다는 생각은 물론 불안이나 우울과 밀접한 관련이 있다. 그러나 죽음과 관련해서 꼭 그런 생각만이 가능한 것은 아니다.

다음은 『앙굿타라 니카야』「끊임없이 반조해야 하는 경우의 경」에 나오는 고타마의 간곡한 권고다.

> 나는 늙기 마련이고, 병들기 마련이고, 죽기 마련이다. 사랑스럽고 마음에 드는 모든 것은 변하기 마련이고 헤어지기 마련이고 (…) 나는 죽음을 극복하지 못했다라고 누구든 끊임없이 반조해야 한다.

우리는 고타마를 부처님이라고 부르지만, 그는 깨달은 후에도 숱한 비극을 견뎌야 했다. 그는 자신이 가장 아꼈던 두 제자, 사리풋타와 목갈라나가 먼저 세상을 떠나는 것을 지켜보아야 했다. 무엇보다 코살라국의 비두다바에게 자신의 동족 석가족이 무참히 학살당하는 현실도 감당해야 했다. 그러나 그는 그러한 현실을 담담히 받아들였다.

카를로스의 『무한한 세계의 얼굴』에서 후앙 마투스는 자신의 제자가 된 카를로스에게, 자신이 전할 수 있는 가장 중요한 가르침이라며 다음과 같이 말한다.

> 우리 인간에게 잘못된 것이, 그리고 시간이 가진 불멸성으로 인해 우리 인간이 아주 오랫동안 잘못을 반복해왔던 것이 무엇인지 아나? 사람들이 딱히 많은 말로 그런 것을 표현하고 있지 않다 해도, 우리가 영원히 살 것이라고 믿는 것이네. (…)
> 그러나 이러한 불멸성에 대한 잘못된 상식보다 더 위험한 것이 있네. 우리 마음으로 이 알 수 없는 우주를 다 이해할 수 있다고, 언젠가는 다 삼켜버릴 수 있다고 믿는 사람들의 상식이 바로 그것이지.

그리고 후앙 마투스는 카를로스에게 '이러한 착각에서 벗어나 자신을 깨어 있게 하고, 이러한 앎을 유지하기 위해서는 어마어마한 노력이 필요하다'는 것을 강조한다. 그러면서 그는 카를로스의 다른 책 『침묵의 힘The power of silence』에서 '삶이란 우리의 선입견과 다르게 어떤 실체가 있는 것이 아니라, 단지 나와 죽음과의 치열한 싸움이 벌어지는 전장'일 뿐이라고 말한다.

미국의 작가 에드거 앨런 포는 시 「갈까마귀The Raven」에서 갈까마귀의 모습으로 찾아온 죽음에게 이름이 무엇이냐고 묻는다. 갈까마귀는 '다시는 무엇을 더 할 수 없는, 다시는 무엇이 더 될 수 없는Nevermore'이라고 대답한다. 죽음을 이렇게 간결하게 표현한 말을 나는 아직 찾지 못했다.

나는 이들의 말을 기억하려고 애쓴다. 무엇보다 이들의 삶을 공감한다. 티베트 불교를 연구하고 한국에서 선 수행을 했던 영국의 스티븐 배철러는 『선과 악의 얼굴』에서 '이 세상에서 가장 확실한 것은 당신이 죽는다는 사실 그 자체'라고 강조했다. 이러한 자각은 우리를 끊임없이 '지금 여기'로 되돌아오게 한다. 환상과 착각에 빠져 있을 만큼 한가하지 않다는 것을 뼈저리게 느끼게 한다. 우리가 왜 지금 여기로 오게 되었는지, 앞으로 우리는 어디로, 어떻게 가야 하는지를 성찰하게 하고 무엇보다 실천하게 한다.

하지만 삶의 유한함과 죽음에 대한 자각을 그렇게 강조했던 후앙 마투스는, 우리가 죽음과 싸우고 있지만 죽음만이 유일하게 '가치 있는 친구요, 조언자'라고 했다. 삶이 못 견디게 힘들 때 삶에 매달리지 말고, 그 고통스러운 삶을 실제로 만들고 있는 죽음과 묵묵히 대면하라고 했다. 자살을 생각하는 사람이 죽음에게 자신의 뒤를 보이는 것이라면, 이것은 죽음과 정면으로 마주 서는 것이다.

내 경험을 통해 한 가지 알게 된 것이 있다. 참으로 이상했던 것은 죽음에게 내 뒤를 보이면, 어느새 죽음이 내 앞에도 와 있었다는 사실이다. 그래서 나는 죽음에게 쫓기면서 동시에 죽음의 뒤를 따라가게 된다. 진실에는 항상 역설이 존재한다.

내가 공황 발작을 처음 겪었던 2011년 이후, 나는 죽음에 대해 진지하게 생각하지 않을 수 없었다. 공황 발작은 쉽게 말해 '죽는 것이 두려운' 상태가 극단적인 수준까지 치솟는 것이다. 나는 이들의 태도와 관점을 배우려고 하면서 실제로 삶의 고통을 더 너그럽게 바라보게 되었으며, 현실의 압박 속에서도 조금 여유를 갖게 되었다는 것을 인정할 수 있었다.

우리는 보통 '현실을 즐기는 것Carpe diem'과 '죽음을 기억하는 것Memento mori'을 연결시키는 태도에는 관대한 편이다. 워낙 상반된 것들이 주는 반동의 힘이 작용하기 때문일 것이다. 그러나 즐거움은커녕 두려움과 불안으로 가득한 오늘을 살고 있다 해도, 죽음의 임박함과 불가측성을 기억하며 알아차리는 것은 꼭 필요하다. 그럴 때에라야 우리는 삶에 집착하지 않으면서 삶을 사랑할 수 있다.

바버라 에런라이크는 『긍정의 배신』에서, 현대 자본주의 사회가 언론과 종교 단체를 통해 왜곡된 긍정의 이미지를 퍼뜨리고 있다고 지적하며, 이런 병든 긍정의 대안은 부정이나 절망이 아닌 '현실의 직시'라고 강조하고 있다. 경영학자 짐 콜린스는 『좋은 기업을 넘어 위대한 기업으로』에서, 8년간 베트남의 포로수용소에서 혹독한 수용생활을 견디고 끝내 살아서 집으로 돌아간 스톡데일 장군에게 '수용소에서 살아 돌아가지 못한 사람들은 어떤 사람들입니까?'라고 묻는다.

스톡데일은 '낙관주의자들입니다. 크리스마스에는, 부활절에는, 추수감사절에는 나갈 거라고 믿었던 사람들이, 그날들이 지나고 모두 상심해서 죽었지요'라고 말한다. 이 대화에서 시련과 고난을 견디는 힘은, 밝은 면만 보려고 하는 병든 긍정이나, 아니면 어두운 현실에만 짓눌려 있는 허약한 비관이 아니라, 있는 그대로의 현실을 직시하는 힘이라는 뜻의 '스톡데일 패러독스'라는 말이 탄생한다. 만일 죽음의 임박함과 불가측성에 대해 끊임없이 기억하려 하지 않았다면, 나는 존 카밧진이 말한 '대재앙으로서의 삶'을 지금껏 견뎌내지 못했을 것이다. 이상하게 들릴지 모르겠으나, 지금까지의 내 삶은 죽음이 지켜주었다.

전선 위의 새들처럼 우리는 언제고 푸드덕 날갯짓을 하며, 우리에게 약속된 마지막 여행을 떠나야 할 존재들이다. 그러나 우리에게 시간이 없다는 자각과 함께, 시간은 영원히 흘러간다는 또 하나의 자각은 우리를 선명하게 깨어 있게 하고 눈을 부릅뜨게 한다. 들려오는 희미한 소리에도 귀 기울이게 한다. 아주 오래된 이야기와 모든 것을 달라지게 만들었던 한순간의 결단을 기억하게 한다. 이 우주가 품은 경이롭지만 무섭기 그지없는, 우리가 결코 그 끝을 알 수 없는 어떤 신비를 겸허하게 공감하게 한다.

하지만 책 몇 권을 읽고, 죽음을 늘 자각하는 삶을 말한다는 것은 위험할 수 있다. 내게는 직접 죽음과 대면했던 내밀한 이야기들이 있다. 그러나 그 이야기들을 여기서 할 수는 없다. 대신 내가 목격한, '임박하고 예측할 수 없는 죽음'에 대한 이야기를 너에게 들려주고 싶다.

2019년 여름, 나는 늦은 밤 서울 종각역 근처를 걷다 땅에 떨어져 울고 있는 새끼 새 한 마리를 발견했다. 어미 새는 보이지 않아 나는 야생조류협회 같은 곳에 전화를 했다. 그날 밤 큰비가 예고된 상황이라 그대로 두면 빗물에 얼어 죽을 것이라는 말을 들었다. '엄마 잃고 다리도 없는 가엾은 작은 새는, 바람이 거세게 불어오면 어디로 가야 하나'라고 양희은이 노래했던 「아름다운 것들」이 기억났다.

나는 녀석을 내가 살고 있던 고시원으로 데리고 갔다. 낯선 환경에서 계속 울기만 하던 녀석에게 쌀을 불려 좀 먹이고는 내 배 속에 품고 재웠다. 내 체온이 느껴지자 녀석은 더 이상 울지 않고 잠들었는데, 그 모습은 내가 품에 안고 재웠던 어린 조카들을 떠올리게 했다. 세상의 모든 새끼는 다 비슷했다. 이튿날 나는 '서울시 야생동물 구조센터'에 그 새를 넘기면서 마지막 꿈에서 깨라는 뜻으로 '종각'이라고 이름 붙여주고는 아쉬운 작별을 했다.

그 일이 있은 지 한 달도 채 안 된 어느 날, 나는 인사동의 한 찻집 정원에서 새끼 새의 울음소리를 듣게 되었다. 이번에는 두 마리였고, 부모로 보이는 새들이 주위를 날고 있었다. 밤 10시가 넘은 시각이었고, 나는 쉬기 위해 그 찻집에 들어간 것이어서 모른 척하고 지나가고 싶었다. 하지만 땅바닥에서 울고 있는 것들을 외면할 수는 없었다. 나는 그날 오후 남궁옥분이 부른 노래 「재회」를 들었었다.

찻집에서 일하는 청년과 함께 나무나 지붕 위에 두 녀석을 올려놓고 부모 새가 데려가기만을 바랐다. 하지만 근처 길고양이들이 냄새를 맡았는지 몰려왔고, 부모 새는 30분 정도 고양이들과 싸우다 사라졌다. 찻집 옆 미술관 이름을 따서 큰 녀석은 '경인이', 작은 녀석은 그때 내가 마시고 있던 차의 이름을 따서 '오미자'라고 지어주고, 종각이처럼 또 데려와 먹이고 재웠다. 이튿날 녀석들을 발견했던 그 정원으로 데리고 갔다. 나뭇가지 위에 앉혀놓고 한 시간 정도를 기다리자 새 두 마리가 나타나 주위를 날기 시작했다.

경인이는 제법 살집이 있고 날개도 튼튼했다. 얼마쯤 시간이 지나자 사람의 손길이 닿을 수 없는 높은 나뭇가지 위로 올라가는 데 성공했다. 부모 새 중 한 마리가 녀석에게 부지런히 모이를 구해다 먹였다. 문제는 오미자였다. 녀석은 누가 봐도 먹이 경쟁에서 밀린, 힘없고 성장이 더딘 새끼였다. 채 40센티미터를 날아가지 못했다. 어미 새로 보이는 새가 어떻게든 날아오르게 하려고 계속 유인을 했다. 하지만 녀석은 요지부동이었다. 두 시간 넘게 뙤약볕 아래서 오미자와 어미 새 그리고 나 이렇게 셋이서 씨름을 했다. 내가 오미자를 좀더 높은 가지 위로 옮겨주려고 하면 어미 새는 나를 공격했다.

하지만 어미 새의 모성에도 불구하고 오미자는 좀처럼 날아오르지 못했다. 그때 나는 녀석을 내 손바닥으로 조심스레 감싸쥐고 하늘 높이 던졌다. 녀석은 조금 날다가 근처 갈대 줄기에 떨어져버렸다. 더 이상 방법이 없어 보였다. 거기서도 30분 넘게 어미 새가 물어다주는 먹이만 받아먹던 오미자는 어느 순간 갑자기 날아올랐다. 경인이가 앉아 있는 곳 근처까지 한 번에 날아오르더니, 조금 후에는 나무 꼭대기까지 단숨에 날아올랐다. 나는 그때 삶의 다섯 가지 맛을 다 보고 말았다.

나는 그 새들의 운명에 대해 나도 모르게 깊은 숙고를 하게 되었다. 그들은 갑자기 어둡고, 낯설고, 차가운 땅바닥에 내동댕이쳐진 존재였다. 과연 그런 상황이 새끼 새들에게만 닥칠 문제였을까? 아니다, 그건 바로 우리 자신의 모습이었다. 그것이 바로 트라우마다. 그들에게는 죽음이 아주 가까이 와 있었다. 나는 그 새끼 새들의 곤란이 모든 인간, 나아가 모든 살아 있는 것의 곤란과 같은 것이라고 받아들였다.

나는 이 글을 쓰는 동안 「행복한 장의사」와 「굿바이」라는 일본 영화를 틈나는 대로 보았다. 잠들지 못하고 뒤척일 때, 다 포기하고 싶을 만큼 내가 작아질 때, 나는 삶과 죽음 사이에 서 있는 장의사와 염습사의 이야기를 들었다. 나 역시 그 영화들에서처럼 어느 날 문득 누군가에게 마지막으로 씻기고 단장되어 흙과 공기 속으로 사라져갈 것임을 안다. 이것은 예상하거나 준비하는 것이 아니다. 오히려 기억하는 것이며, 알아차리는 것이다.

앞으로 다가올 일을 기억한다고? 너는 이렇게 물을지도 모르겠다.

케냐의 신학자였던 존 음비티는 『아프리카 종교와 철학』에서 시간이 현재Sasa에서 과거Zamani로 흘러간다고 믿었던 스와힐리어 문화를 소개한다. 그들에게는 우리의 '미래'에 해당되는 말이 없다. 그들은 '사사는 자마니에게 먹이를 준다'거나 '자마니 안으로 사라져 들어간다'라고 말하며, 현재와 과거를 강과 바다의 관계처럼 받아들였다. 그리고 만일 누군가 죽었을 때 그를 기억한다면 그는 사사, 즉 아직 살아 있는 것과 같다고 믿었다.

죽음은 미래의 일만이 아니다. 수도 없이 우리에게 닥쳤던 역사이며, 바로 지금 여기서도 일어나고 있는 현재의 사건이다. 죽음과 삶은 분리되지 않는다는 것을 자각할 때 오히려 우리는 죽음 앞에서, 그리고 그 죽음을 재촉하는 트라우마 앞에서 당당할 수 있다. 나라를 구하고도 역적으로 몰려 옥에 갇혔던 이순신은 바로 그 감옥에서 '죽고 사는 일은 하늘에 달려 있고, 죽어야 한다면 죽을 뿐이다死生有命, 死當死矣'라는 말을 남겼다.

영화 「글래디에이터」는 『명상록』을 쓴 철인 왕 마르쿠스 아우렐리우스의 시대를 다루었다. 그는 이성의 힘으로 지혜로운 삶을 살았지만, 권력에 눈먼 아들에게 무참히 죽임을 당한다. 죽음은 눈이 먼 장님이다. 한편 막시무스는 가족들이 죽었을 때 자신도 이미 죽은 것임을, 자신도 가족들에게 돌아갈 것임을 끊임없이 기억한다. 그리고 남은 생을 죽은 자의 태도로 담담하게 살아간다.

『디가 니카야』 「대반열반경」에는 고타마의 열반 직전까지 그의 주위를 떠도는 마라에 대한 묘사가 나온다. 예수의 사탄에 해당되는 이 마라가 바로 고타마의 트라우마라고 나는 생각한다. 고타마의 열반이 임박했을 때, 마라는 한편으로 물러가 시무룩하고 우울한 모습으로 침묵을 지켰다고 경전은 전한다. 나의 마라와 사탄은 글을 쓰고 있는 지금도 내 주위를, 내장 속을 열심히 돌아다닌다. 20년 전부터 아픈 왼쪽 옆구리를 한 손으로 누르면서, 손으로 얼굴을 문지르면서, 그 손이 또 아프기 때문에 왼손 오른손 번갈아 주무르면서, 나는 지금도 쓰고 있다.

내가 트라우마에게 결국 질 수도 있을 것이다. 하지만 나는 싸움을 결코 포기하고 싶지는 않다. 포기하는 것이 사실 지는 것이다. 빌어먹을! 그러니 질 수도 없는 것인가? 그러나 솔직히 하루에도 몇 번씩 편안하게 포기하고 싶은 유혹, 다 내려놓고 지고 싶은 충동을 느낀다. 나는 그 유혹의 강렬함과 그 충동의 미묘함에 대해 안다.

나는 김동성 화백이 그린 「바리공주」의 그림들을 오랫동안 마음속에 간직해왔다. 사나운 파도가 무섭게 몰아치는 바다 앞에서, 어린 바리가 망연자실 그 바다와 마주하고 있는 그림이 있다. 안동에 내려갔을 때, 내가 살던 폐가의 벽 한 면에 그 그림을 붙여놓고 바라봤다. 그 어린 소녀는 바로 나 자신이었고, 우리 모두이기도 했다. 우리는 모두 바리처럼 세상에 버려져 죽음과 삶을 넘나들며, 우리에게 주어진 해결 불가능한 모순과 싸우기 위해 알 수 없는 길을 떠나야 하는 힘없는 존재들이다.

지금 내게 가장 중요한 싸움은 나의 이야기를 하는 것이다. 나의 이야기를 들어줄 사람을 찾는 것이다. 이야기를 하고 그것에 귀 기울여 듣는 것은 공감이나 기억과 분리되지 않는 하나의 유기적인 과정이다. 이것은 마치 살아 있는 생명 안에서 귀로 듣는 것과 심장이 뛰는 것과 뇌가 활동하는 것이 분리되어 있지 않은 것과 같다. 정직하게 이야기하고 진심으로 귀 기울여 듣는 과정에서 그 정직함과 진정성의 힘으로 공감과 기억은 저절로 일어나게 된다.

나의 이야기를 하려는 것은 그 이야기를 듣는 누군가의 구체적인 도움을 받고 싶어서가 아니다. 나에게는 '공감과 기억 그리고 이것의 시작인 경청'이 그 자체로 삶의 목적이다. 하지만 목적인 공감과 기억 그리고 경청을 이루고 나면 구체적인 해결책을 찾을 수도 있다. 해결책이 존재한다면 말이다. 문제는 해결책을 도저히 찾을 수 없는 상태도 있다는 것이다. 그것이 바로 트라우마 상태다. 그런데 이럴 때 우리는 공감과 기억, 경청도 무의미하다고 봐야 하는가?

다시 말하지만 목적은 어떠한 경우에도 포기해서는 안 되는 것이다. 왜일까? 그것이 목적이므로, 그러한 공감과 기억이 끝나고 바로 죽는다 해도 우리 삶은 온전해지기 때문이다.

아리스토텔레스는 아들 니코마코스에게 자신이 살아오면서 깨달은 것을 전하기 위해 『니코마코스 윤리학』을 쓴다. 그는 아들에게 우리가 행복이라고 번역하는 그리스어 '에우다이모니아eudaimonia'를 설명하면서, 이것은 다른 무엇의 수단이 될 수 없다고 강조한다. 그래서 이 말은 '궁극의 목적'으로도 번역되는데, 본래 의미는 '선한 정신good spirit'이다. 그는 행복에는 어떤 실체가 없다고 했다. 해결책을 찾을 수 있을 때는 물론 찾아야 한다. 그러나 돈이나 권력과 같이 구체적인 해결책을 찾았을 때의 만족감만 좇는 것이 행복이라는 생각을 그는 경계했다.

현각은 『만행』에서 스승이었던 숭산의 일화를 전한다. 숭산은 한 여학생이 '사랑이 무엇이냐?'고 묻자, '사랑이 무엇이냐?'고 여학생에게 바로 되묻는다. 어리둥절해하는 여학생에게 숭산은 '바로 이것이 사랑이다!'라고 말한다. 사랑이 무엇인지 서로 묻고 찾고 대화하며 공감하고 기억하는 과정 자체가 사랑이지 어딘가 따로 있을 거라 생각하고 찾아다니는 것은 환상에 불과하다는 이야기다.

이 거꾸로 뒤집히고 병든 환상, 우리를 현실에서 더 멀어지게 하는 착각에서 벗어나는 것이 바로 트라우마의 치유라고 나는 생각한다.

그러나 이러한 생각이 오히려 현실과 동떨어진 환상과 착각이라고 할지도 모르겠다. 그렇다! 아마 내가 환상과 착각 속에서 살았던 것인지도 모른다.

영화 「미션」에 흐르는 엔리오 모리코네의 아름다운 선율에, 키아라 페르라우가 가사를 붙여 그 유명한 「넬라 판타지아」가 탄생한다. 이 노래에 담긴 장소는 분명 환상의 땅이다. 그런 곳은 세상에 없다. 하지만 이것은 어쩌면 처음부터 없었던 '결핍privation'이 아니라, 우리에게 있었으나 빼앗긴 '박탈deprivation'이라고 나는 생각한다. 그렇지 않았다면 우리에게는 그런 환상조차 없었을 것이다.

환상은 그것을 환상으로 보는 순간, 더 이상 환상이 아니다. 환상과 착각을 있는 그대로 인식할 때 그것이 가진 힘을 활용할 수 있게 된다. 그때 환상과 착각은 우리를 버티게 하고 나아가게 하는 '꿈'이 된다. 꿈 안에는 희미하지만 오래된 씨앗이 간직되어 있다.

> 나는 환상 속에서 모두가 정직하고 평화롭게 사는 세상을 봅니다
> 나는 떠다니는 구름처럼 항상 자유로운 영혼을 꿈꿉니다
> 영혼 깊은 곳까지 박애博愛로 충만한 영혼을

목적을 잃어버릴 때 우리는 수단과 방법의 노예가 되고 만다. 나는 노예가 아닌 주인으로서 역시 나와 당당히 대화를 나눌 수 있는 나의 친구를 찾고 있는 것뿐이다. 해결책을 찾지 않고 문제와 맞선다는

것은 '모순'으로 들릴 것이다. 그것은 우리의 일상 언어라는 틀에서 보면 말도 안 되는 짓이다. 앞서 이미 바리공주와 같은 신화를 이야기했다. 신화는 어떤 측면에서 보면 이런 말도 안 되는 상황을 수도 없이 경험해야 했던 인류가 그것에 어떻게 대응했는지에 대한 아주 오래된 기억이다. 그 기억이 계속 우리에게 보내고 있는 눈길과 손짓이라고 생각한다.

내 앞에 놓인 상황이 단테의 어두운 숲같이 느껴질 때 내가 가끔 부르는 노래가 있다. 사이먼 앤 가펑클의 「스카버러 페어Scarborough Fair」다. 이 곡은 원래 그 기원이 중세 시대까지 거슬러 올라가는 영국의 민요였다. 민요는 곧 신화요, 우리 내면 깊은 곳에서 들려오는 이야기다. 이 노래는 도저히 해결할 수 없는 현실의 모순을 담고 있다.

스카버러 시장에 가시나요?
파슬리, 세이지, 로즈메리 앤 타임(백리향)
거기 살고 있는 한 사람에게 내 이야기를 해주세요
그녀는 한때 내가 사랑했던 사람이랍니다

그녀에게 캠브릭 셔츠 한 벌을 만들어달라고 해주세요
파슬리, 세이지, 로즈메리 앤 타임
만일 바느질 자국이나 솔기 하나 없이 옷을 만들 수 있다면
그녀는 내 진정한 사랑이 된답니다

남녀가 주거니 받거니 말도 안 되는 요청을 계속하다가, 마지막에 합창을 하며 노래를 끝낸다. 이 노래가 그저 남녀가 서로를 희롱하고 유혹하는 정서만을 담고 있을까? 이 노래가 왜 오랜 시간 영국인들에게 전승되었고, 세계의 많은 이에게 사랑받게 되었는지에 대한 단서를 나는 세 가지로 생각해보았다.

첫째, 마치 주문처럼 계속 등장하는 '파슬리, 세이지, 로즈메리 앤 타임'이라는 네 가지 식물이다. 이것들은 다양하게 해석될 수 있다. 그러나 많은 이가 이 네 식물에 각각 '온화함, 인내, 정절 그리고 용기'라는 의미를 부여한다.

둘째, 노래의 마지막, 남녀가 합창하는 대목은 '적어도 시도는 해보라고 해주세요. 그렇지 않다면 그(그녀)는 내 진정한 사랑이 아니랍니다'로 끝난다. 매우 의미심장한 요청이 아닐 수 없다. 되든 안 되는 일단 부딪혀보지 않는다면, 그러한 태도와 자세에서 우리는 진정성이라는 것을 찾기 어렵다.

셋째, 이 노래에서 내가 가장 중요하게 생각하는 점인데, 네 가지 식물과 일단 시도해보려 하는 마음을 이 노래의 심장이라고 한다면, 남녀가 모여 자신들의 이야기를 하고 듣는 과정 자체가 이 노래의 영혼이라고 나는 생각한다. 그것이 목적이기 때문이다. 평범한 것이든 신비한 것이든 거기서 모든 변화가 시작된다. 일어나지 않더라도 상관없다. 이미 목적에 충실했기 때문이다. 나는 이 노래를 같이 부를 사람을 찾고 싶었다.

영화 「건축학개론」에서 승민은 깊은 새벽 길가에 앉아 친구 납뜩이에게 사랑의 고통을 토로한다. 그동안 납뜩이는 승민의 연애사에 하나하나 조언해준 사람으로서, 대신 욕해주고 새로 소개시켜주겠다는 둥 이런저런 위로를 해준다. 그런 친구 납뜩이의 적극적인 반응에 여자친구의 행동과 의도에서 마지막까지 희망을 찾던 승민은 오히려 체념하고 목 놓아 울기 시작한다.

그리고 납뜩이는 우는 승민을 묵묵히 안아준다. 같이 괴로워한다. 가슴에 평생 아린 상처로 남을 첫사랑의 실패를 겪고 있는 친구의 곁에서 무슨 할 말이 더 있겠는가? 무슨 방법을 더 찾고, 무슨 해결책을 더 던지겠는가? 곁에서 이야기를 들어주고 같이 고통을 나누는 것, 그것 말고 달리 우리가 할 수 있는 일이 무엇이 더 있겠는가? 이 험한 세상에서 우리가 분명한 해답을 찾을 수 있는 문제가 과연 얼마나 있겠는가?

우리는 목표와 목적을 구분해야만 한다. 목표를 설정하는 것은 무엇을 죽이고 끝내는 것이고, 목적을 세우는 것은 무엇을 살리고 이어지게 하는 것이다. 목표에는 포식자와 죽음의 원리가, 목적에는 자족과 연대의 삶을 사는 존재들과 생명의 원리가 작용하고 있다. 목표는 달성하고 이루는 것이지만, 목적은 그것에 공감하고 기억하며 그것에 충실하는 것이다. 그게 전부다.

우리가 우리 삶의 목적에 충실하면 그것은 마치 생명이 자신을 생장시키듯 스스로 이어져나간다. 다음에 무엇을 할지 애써 고민하거나 서둘러 준비할 필요가 없다. 목적은 '스스로 그러한 것'이기 때문이다. 물론 그 과정에서 항상 깨어 있어야 한다.

7년의 노력 끝에 『난중일기』 완역본을 펴낸 박종평은 『흔들리는 마흔, 이순신을 만나다』에서 '『손자병법』의 손자는 상하가 같은 욕망을 가지면 승리한다고 강조했다. 그러나 이순신은 이익에 기초한 욕망보다 같은 목적을 추구하는 인간의 훌륭한 본성을 더 중요시했다'고 적었다. 이순신이 공문서에 남겼던 수결은 '일심一心'이었다. 장군의 한 마음은 구체적인 목표가 아니라 영원한 목적이었다.

나는 이런 목적의 개념을 미국의 교육 사상가이자 철학자인 존 듀이에게서 배웠다. 『도올 선생 중용강의』는 듀이의 사상이 공자의 사상은 물론 동양적인 생성론生成論과도 밀접한 연관이 있으며, 현대 철학자 화이트헤드의 교육론과도 연결된다고 지적했다.

바리공주를 섬기는 무당들의 굿은 일방적으로 처방을 내리거나 신의 계시를 전하지 않는다. 이미 죽은 망자의 혼을 불러와 살아 있는 사람들과 이야기하게 한다. 평안도와 황해도 지방을 중심으로 전승되는 배뱅이굿 역시 대화가 중심이 되는 굿판의 전형을 보여준다. 망자와 남은 자가 이야기를 주고받는 과정에는 어떤 목표가 없다. 그 과정 자체가 목적이며, 거기서 어떤 일이 벌어질지는 그 과정에 맡겨 버린다.

이것이 바로 이야기를 하고 이야기를 들어주는 것의 힘이며, 그 오랜 시간 고등 종교의 권위와 압박에서도 원시적인 무당과 굿이 살아남았던 이유인 것 같다. 정말 중요한 것은 이야기 자체다.

# 12.

# 우리가
# 하나의 점이
# 되었을 때

유럽의 여러 나라가 함께 만든 영화 「노 맨즈 랜드」도 「파피용」처럼 끝까지 다 보기 힘든 영화였다. 이 영화에서 묘사되는 상황은 트라우마가 가진 중층의 복잡한 모순을 잘 상징하고 있다. 치열하게 전쟁을 벌이던 보스니아와 세르비아는 양 진영 사이에 아무도 들어갈 수 없는 땅, '노 맨즈 랜드No man's land'를 설정한다. 그런데 그곳에서 사람들이 발견된다. 세르비아군 정찰대에 매복 공격을 당해 살아남은 보스니아군의 치키는 총상을 입었고, 체라는 의식을 잃은 상태다. 치키가 잠시 자리를 비운 사이, 세르비아군 두 명이 체라를 발견하고 체라의 몸 아래 장난삼아 대인지뢰를 설치한다. 체라가 의식을 되찾아 몸을 움직이면 바로 터질 것이다. 그런데 그런 짓을 하다가 그중 한 명은 치키에게 죽고, 살아남은 니노는 치키와 총을 겨눈 채 대치한다. 만일 체라가 깨어나면 지뢰가 터져 셋 모두 죽고, 니노와 치키가 서로 총을 쏴도 어차피 다 죽는다.

그 누구도 뾰족한 해결책을 찾을 수 없다. 「노 맨즈 랜드」는 이러지도 저러지도 못하는 이중, 삼중 모순의 상태가 되어버린다. 영화는 지뢰 위에 그대로 누워 있는 체라의 모습을 보여주며, 사실상 아무 결론도 없이 끝나버린다. 도대체 이런 터무니없는 상황에서 누가 해법을 찾을 수 있을까? 그런데 나는 이 영화를 보다가 원래 '사람이 살 수 없는 땅No man's land'에서, No 다음에 점 하나를 찍으면 '아니, 그게 바로 사람 사는 곳이다'라는 의미로 바뀐다는 것을 알아차렸다. 점 하나에 따라 트라우마의 상대적 의미와 절대적 의미가 바뀌는 것이다. 이 영화에는 이토록 미묘한 역설이 바탕에 깔려 있었다.

트라우마는 영화 「노 맨즈 랜드」처럼 그 자체로 해결이 불가능해 보이는 '모순'이며, 말도 안 되는 '터무니없음'이다. 그럼에도 그것을 상대해야 하는 '곤혹스러움'이다. 그것에서 벗어나려 하면 할수록 더 깊이 빠져든다. 그래서 트라우마를 치유하기 위해 공감하고 기억하는 것이 아니라는 것을, 다시 한번 공감하고 기억하는 것이 가장 중요하다. 그럴 경우 트라우마의 모순에 다시 걸려들게 된다. 우리는 다만 공감하고 기억하기 위해 공감하고 기억하는 것뿐이다.

나는 트라우마를 '고액살마苦厄煞魔'로 번역한다. '액'은 우리 바깥에서 다가와 우리를 괴롭히는 힘이요, '살'은 우리 안에 이미 자리를 잡고 문제를 반복하고 재연하게 하는 힘이며, '마'는 그러한 번뇌를 분명하게 알아차리지 못하게 하는 힘이다. 이 모든 힘이 작용할 때 그 결과는 당연히 '고', 즉 고통이다. 아마도 이 중에서 가장 두려운 힘은 '마'가 아닐까 한다. '액과 살'은 우리를 직접 파괴하지만, '마'는 그럼에도 우리를 여전히 환상과 착각에 빠져 있게 한다. 즉 있는 그대로를 보지 못하게 하는 힘이다. 바로 이것이 고타마의 마라요, 예수의 사탄이며, 후앙 마투스의 '타식재他植在, Foreign Installation'다.

후앙 마투스는 우리가 우리 마음이라고 믿고 있는 것이, 사실은 외부에서 강제로 이식된 것이라고 했다. 원래 우리 마음은 수면이나 얕은 물에 의해 가려져 있는, 깊은 곳에 있는 물과 같은 것이라 했다. 여기서 나는 소리를 듣지 못하고 계속 얕은 물의 소리에 따라 살아갈 때 우리는 타식재의 먹이가 된다고 그는 경고했다.

나는 앞서 불안에 대해 이야기하면서, 불안과 함께 필연적으로 나타나는 환상과 착각을 '둥근 공의 접촉면'이란 개념으로 설명했다. 그 접촉면은 너무나 다양해, 우리가 불안하다거나 우리에게 트라우마가 있다는 것을 알아차리지 못하게 하는 힘으로 작용한다. 하지만 그 환상과 착각의 힘에 대응할 수 있는, 역시 둥근 공의 접촉면과 같은 또 하나의 힘이 있다. 우리의 인식과 앎 그리고 그 앎의 거의 전부인 기억 역시 하나의 둥근 공과 같다. 그것 또한 허공에 떠 있을 수 없어 세상의 어딘가와 항상 접촉하고 있다. 그러니까 우리가 무엇을 안다는 것은, 그 앎보다는 훨씬 크고 복잡하며 때로는 신비로울 수도 있는 '전체 세계'의 어느 한 면과 접촉하고 있는 것이다.

그러므로 우리의 앎이라는 둥근 공의 접촉면은 곧 우리의 눈동자와 같을 수 있다. 둥근 공과 같은 우리 안구 속의 한 점인 눈동자를 세상의 어느 면에 접촉시키는가에 따라 우리는 삶의 다른 면을 보고 기억하게 된다. 분노하거나 증오할 수도 있고, 경청하거나 공감할 수도 있다. 우리는 대부분의 시간 동안 있는 그대로가 아니라 우리가 보고 싶은 것에만 눈동자를 맞춘다.

역설적이게도 삶이 그럭저럭 흘러가거나 인간관계에 큰 문제가 없을 때는 삶에 내재된 트라우마를 제대로 인식하기 어렵다. 반면 고통스러운 상황에 있을 때는 단지 그것에서 빨리 벗어나고 싶은 열망, 즉 불안으로 인해 그 트라우마의 성질을 제대로 파악하기 어렵다. 이 두 극단에서 벗어나는 것이 트라우마를 있는 그대로 받아들이고 치유하는 유일한 길이 아닐까. 여기서 인류의 지혜를 압축한 말인 '중용'이 등장한다.

얼마 전 절에서 그렇게 버티다가 다리를 다쳐 서울로 올라오면서 나는 자문해보았다.

> 세상을 떠돌 수밖에 없었던 이유가, 세상을 떠돌 수도 없는 이유와 완전히 똑같다면 대체 나는 어떻게 해야 한단 말인가? 이 모순과 고통의 굴레에서 과연 벗어날 수 있을 것인가?

중국인들은 불교를 받아들일 때, 고타마가 말한 'Dukkha(둑카)'를 '苦(고)'라고 번역했고, 우리도 그렇게 쓰고 있다. 그러나 Dukkha의 어원을 분석해보면, 이것은 본래 바퀴의 축이 바퀴 구멍에 잘 맞지 않는 것처럼 삐거덕거리며 불안정한 상태, 그리고 거기서 빨리 벗어나고 싶은 열망을 의미한다. 그래서 苦라는 번역어보다는 오히려 '불안anxiety'이 원의에 더 가깝다. 불안을 느끼면 당연히 고통스럽지만, 그 불안의 결과인 고통보다 고통의 원인을 고타마는 지적하고 싶었던 것이다. Dukkha가 苦로 번역되면서 이러한 관점은 거의 잊혔다.

트라우마를 겪게 된 이후 내게 가장 고통스러웠던 것은 공감과 소통의 부재였다. 그리고 그 결과는 만성적이고 심각한 불안으로 나타났다. 그래서 나는 불안, 트라우마, 고액살마, 둑카 그리고 삶의 근원적인 고통을 사실상 같은 것으로 보게 되었다.

나와 같은 생각을 한 학자도 있었다. 정신과 의사이며 불교학자인 마크 엡스타인은 『트라우마 사용설명서』에서, 고타마의 깨달음은 그가 가졌던 영유아기의 트라우마, 그에게서 결코 떠나지 않고 있던 어떤 불안을 극복하는 과정이었음을 설득력 있게 제시하고 있다. 더불어 꼭 고타마와 같은 궁극의 해탈이 아니어도, 우리 모두의 삶은 그것이 어떤 모습으로 전개된다 해도, 사실상 우리 내면 깊은 곳에 있는 불안, 트라우마에서 벗어나기 위한 시도임을 말하고 있다.

내가 글의 막바지에 이르러 굳이 번역어 문제를 얘기하는 이유는 삶의 고통이 보편적인 것임을 말하고 싶었기 때문이다. 삶을 깊숙이 들여다보면 누구나 자신만의 트라우마가 있고, 불안이 있고, 말하기 어려워 깊이 숨어버린 기억들이 있고, 그래서 고통이 있을 수밖에 없다.

대부분의 사람은 자신이 힘들다는 것을, 내면 깊은 곳에 여전히 상처가 있다는 것을 잘 인정하지 않으려 한다. 그러면서 단단한 가면을 쓰기 시작한다. 인격에 해당되는 영어 단어 'personality'의 어원이 그리스어 'persona(가면)'라는 것은 이미 잘 알려진 사실이다. 아무리 가면을 쓰고 살아도 삶의 고통은 그 견고한 장벽을 넘어 비춰질 수밖에 없다. 그래서 많은 이가 '세상에 힘들지 않은 사람은 없다'라는 진실을 어느 순간 자기도 모르게 인정하게 된다.

그러고 나서도 그들은 서로 힘든 이야기를 들어주지 않는 것을, 각자 알아서 해결하는 것을 미덕으로 삼는다. 각자도생各自圖生, 그게 유일한 방법일까?

「식스 센스」는 이야기가 극적으로 반전되는 영화로 사람들에게 잘 알려져 있다. 하지만 나는 오직 한 장면만 기억하고 있다. 귀신을 보는 아이 콜과 아동 상담 전문가 맬컴의 첫 대면 장면이다. 성당 안으로 뛰어 들어간 콜은 어려운 라틴어를 중얼거리는데, 그것은 구약성서 「시편」에 나오는 한 구절이다.

> 깊은 곳에서 부르짖나이다.
> 하느님, 하느님! 제 소리를 들으소서
> 당신의 귀를 기울이소서
> 저의 간청하는 소리에

이 시를 읽고 나는 삶의 고통과 이야기를 들어주는 것의 관계를 숙고해봤다. 꼭 불교가 아니어도 지상의 모든 종교는 삶의 고통으로 인해 존재한다. 그리고 그 어떤 종교적 구원이든 이야기를 들어주는 것에서 시작된다.

불교를 떠올릴 때 부처보다 더 익숙한 관세음보살에서 관세음의 어원은 '아발로키테슈와라Avalokiteśvara'다. 이를 번역할 때 관자재觀自在라고도 하지만, '중생들의 신음 소리에 귀 기울인다'라는 뜻의 관세음觀世音을 사람들은 더 선호한다. 직역했을 때의 '소리를 본다는 것'

은 하나의 시적인 표현이다. 또 유교에서 가장 높은 인격의 단계를 나타낼 때 사용하는 성인聖人이란 말의 '聖'도 그 어원을 따라가보면 '耳', 즉 '듣는다'의 의미가 나온다.

공감과 기억이라는 그 먼 치유의 길은 경청, 즉 귀 기울여 진심으로 들어주는 데서 시작된다. '아무런 해결책을 찾을 수 없는 상황에서 단지 고난을 겪고 있는 이의 이야기, 혹은 이미 과거가 되어버린 고통스러운 기억에 대한 이야기를 들어주는 것에 무슨 의미가 있는가?' 사람들은 흔히 이렇게 의심하며, 회피한다. 그러나 경청은 하나의 작은 점과 같은 씨앗을 황무지에 심는 것과 같고, 하나의 가느다란 촛불을 어두운 밤에 켜는 것과 같다. 경청은 그것을 통해 무엇을 직접 하는 것이라기보다는, 그것을 통해 우리가 모르는 다른 힘과 존재들에게 무엇을 하도록 하는 것에 가깝다.

이야기를 하는 사람에게도, 그 이야기를 듣는 사람에게도 자신들이 모르는 다른 힘이 그들의 내면에 있을 수 있다. 그것들은 또 자신들 밖의 자신들이 모르는 무수한 존재의 힘과 헤아리기 어려운 방식으로 연결되어 있을 수 있다. 그러므로 먼저 기존에 자신이 가지고 있던 아집을 내려놓아야 한다. 예수는 신약성서 「요한복음」에서 '하나의 밀알이 땅에 떨어져 죽지 아니하면 한 알 그대로 있고, 죽으면 많은 열매를 맺느니라'라고 말했다. 그 작은 밀알 안에 그런 놀라운 힘이 있을지, 그리고 밖에서 그런 놀라운 힘들과 연결될지는 밀알 자신도 잘 몰랐을 것이다.

그래서 경청은 그것 자체가 하나의 작은 점이지만, 역시 하나의 점과도 같은 존재를 따뜻하게 안아주고 공감해주는 것이다. 또 경청은 그것 자체가 하나의 연약한 실오라기이지만, 역시 끊어질 것 같은 하나의 인연을 기억하고 잊지 않으려 깨어 있는 것이다. 경청은 곧 깊은 밤의 간절한 기도이며, 푸른 새벽의 고요한 명상이다.

기도하는 사람은 자기 이야기를 하기 전에, 자신에게 들리는 이야기에 먼저 귀기울이지 않을까? 명상하는 사람은 자신의 마음을 비우기 전에, 자신에게 다가오는 사람의 마음을 먼저 비우게 해주지 않을까? 홀로 나일 수 있는 존재는 세상에 없다. 기도와 명상은 단지 자기 자신의 바람만 빌거나 혼자만의 고요함을 추구하는 것이 아니다. 내게 연결된 존재들과 함께 아파하고, 같이 웃고, 더불어 춤추는 것이 아닐까? 따라서 이 모든 것은 그것이 내 안의 소리든, 내 밖의 소리든 내게 들리고 다가오는 소리에 귀 기울여 진심으로 듣는 것에서 출발할 수밖에 없다.

원효는 『금강삼매경론』에서 '중생이 곧 부처가 아니지만, 그렇다고 다르다고도 할 수 없다眞俗不二'고 말했다. 그렇다면 우리에게 듣기 싫은 이야기가 들려올 때 그것이 혹시 부처의 소리일 수도 있어, 일단 자기를 내려놓고 그 이야기에 조심스레 귀 기울여야 하지 않을까?

『중용』에는 '군자의 도리는 누구라도 할 수 있을 만큼 쉬운 것이면서, 동시에 성인도 하기 힘들 만큼 어려운 것이기도 하다君子之道, 費而隱'라는 말이 나온다. 이야기를 들어주는 것은 어찌 보면 쉬울 것 같지만, 어찌 보면 아주 어려운 일일지도 모른다.

스웨덴의 헬레나 노르베리 호지가 때 묻지 않은 땅, 라다크를 여행하고 쓴 『오래된 미래』에는 의원이었던 예쉬라는 사람에 대한 일화가 소개되고 있다. 호지와 예쉬는 라다크 의서의 한 대목을 번역하고 있었는데, 그때 이웃집의 한 아이가 그 책을 보며 끊임없이 '이거 뭐야' 라고 물어보며 그들을 귀찮게 했다. 슬슬 짜증이 날 만한 상황이었다. 그러나 예쉬는 아이의 말에 귀 기울이며, 놀랍게도 백 번 넘게 '그건 책이야'라고 다정하게 대답해주었다. 나는 그가 『중용』에서 말한 군자가 아닐까 생각한다.

이 책들의 이야기는 융이 『차라투스트라를 분석하다』에서 말했던 '에난티오드로미아enantiodromia', 즉 '대극반전'과도 맥락이 닿아 있다. 아주 쉬운 일을 자꾸 회피하다보면, 그 대극인 아주 어려운 일이 갑자기 닥칠 수 있다는 뜻이다. 그러나 그 역도 마찬가지여서 정말 힘든 일을 견디면, 의외로 정말 쉬운 길이 갑자기 열릴 수도 있다.

나는 앞에서 트라우마와 기억이 모두 상대적 의미와 절대적 의미를 갖는다는 것을 너에게 이야기했다. 사실 우리 삶은 모두 이 두 차원의 의미를 갖는다고 생각한다. 따라서 경청에도 상대적 의미와 절대적 의미가 있다. 우리가 듣고 싶지 않은 소리도, 그것이 우리에게 다가왔을 때 마음을 열고 그 소리에 귀 기울이는 것이 바로 경청의 절대적 의미다. 그것은 우리 밖에서 들릴 수도 있고, 우리 안에서 들릴 수도 있다. 때로 그 소리는 우리에게 고통과 시련을 떠안으라고 말하기도 한다.

또 우리 앞에 우리 이야기를 들어줄 누군가가 보이지 않더라도, 정직하고 진실한 자기 이야기를 들어주는 어떤 힘이 있을 것이라는 믿음도 경청의 절대적 의미에 포함된다. 물론 그것이 꼭 어떤 신이나 종교적 절대자에 대한 믿음만을 가리키는 것은 아니다.

중국 작가 위화의 소설 『인생』은, 어린 아들과 결혼한 딸만 죽는 것으로 이야기를 좀 순화시킨 동명의 영화와 달리, 원작에서는 주인공 푸구이만 남고 그가 사랑한 사람은 모두 죽는다. 그러나 푸구이는 '사람은 살아간다는 것 자체를 위해서 살아가지'라고 말하며, 마지막 순간까지 삶의 희망과 의미를 잃지 않는다. 이 이야기는 다음과 같은 말로 끝난다.

> 천천히 들판은 고요 속에 잠기고, 사방이 점차 어두워지면서 노을빛도 서서히 사라져갔다. 나는 이제 곧 황혼이 순식간에 사라지고, 어두운 밤이 하늘에서 내려오리라는 것을 안다. 그리고 광활한 대지가 단단한 가슴을 드러내고 있는 것을 보았다. 그것은 부름의 자세다. 여인이 자기 아들딸을 부르듯이, 대지가 어두운 밤을 부르듯이.

말하는 사람도, 들어주는 사람도 무거웠던 이 이야기를 이제 내려놓으려고 한다. 내 이야기가 내게 소중하다고 해서 더 이상 너를 힘들게 할 수는 없을 것 같다. 하지만 만일 네가 여기까지 내 이야기를 들어주었다면, 내가 과거에 알았던 그 일상의 네가 들어준 것이 아니라고 나는 생각한다. 이해를 넘어 나를 공감한 것이라고 믿는다.

우리 모두의 가슴속에 남아 있는 공감의 능력과 기억을 되찾기 위해 떠날 준비가 되어 있는 너. 고통에 신음하면서도 여전히 타인의 고통에 귀 기울일 힘을 간직하고 있는 너. 또한 너의 이야기에도 귀 기울일 누군가를 찾고 있는 너. 역시 깊은 곳에서 부르짖고 있는 너라고 믿는다.

그리하여 나는 깊은 곳에서 부르짖는다. 깊은 곳에 있는 너에게. 아직 한 번도 만나지 못한 나의 친구에게.

## 우리가 하나의 점이 되었을 때

우리가 하나의 점이 되었을 때
도대체 어딘가에도 소속되지 못하고
아무것에라도 단지 묻어 있을 뿐인
한 개의 먼지처럼 작아졌을 때

지친 몸을 눕힐 자리도 없으며
더듬어 찾아갈 길도 사라지고
같이 울어줄 친구도 떠났을 때
정말 우리가 하나의 점이 되어버렸을 때

그렇게 쓸쓸한 마침표가 되어갈 때
아주 멀고 먼 곳에서라도
우리를 향해 있는 눈빛을 기억할 수 있다면
우리에게 다가오는 떨림을 느낄 수 있다면

그게 이미 지상에서 오래전에 사라지고 없는
누군가의 안타까운 눈길일지라도
별빛 하나 보이지 않는 어둠 저편에서 불어와
말없이 지나가는 바람일지라도

그 바라보는 마음을 위하여
희미한 점일지라도 지워지지 않도록
그 이어져 있는 인연에 대하여
가냘픈 선일지라도 끊어지지 않도록

우리는 결코 눈물을 흘리지 말자
아니 흐르는 눈물에 덧없는 것들이 씻겨나가
누군가의 가슴에 오직 하나의 점으로
그리로 우리가 돌아가고야 말 영원한 점으로

깊이 남아 있게 하자

처음부터 출판을 염두에 두고 글을 쓰지는 않았습니다. 여전히 제 삶에 의미가 있는 친구들과 가족에게 보내기 위해 썼습니다. 하지만 어떤 인연으로 출판이 결정되면서 저는 저를 모르는 독자들을 위해 제 글을 수정하고 보완하게 되었습니다. 이 길지 않은 시간 동안 저는 트라우마와 삶에 대해 좀더 숙고할 수 있었습니다.

트라우마의 치유로 가는 길은 정말 포기하고 싶을 때가 많습니다. 그러나 기억해보면 우리는 모두 이미 심청이가 되어 인당수와 마주했던 존재입니다. 연어처럼 아버지의 바다를 떠나 어머니의 강으로 긴 항해를 했고, 버려진 바리처럼 어머니의 깊은 곳에서 얕은 곳으로 오히려 추락했습니다. 그렇게 돌아온 정자가 난자라는 침묵 앞에 서게 되었을 때, 그들은 자신을 내던졌으며 또한 자신을 활짝 열어주었습니다. 그 빛나는 결단의 선물로 우리는 이 세상에 오게 된 것이 아닐까요? 이것이 우리에게 있는 가장 오래된 신화요, 가장 분명한 과학이며 가장 짧은 시요, 가장 멀리 퍼져나간 음악이라고 생각합니다.

이 글의 많은 대목은 길 위에서 쓰였습니다. 실제로 길 위에 서서 스마트폰으로 썼습니다. 그 스마트폰은 어머니가 쓰시던 것입니다.

2019년 제 스마트폰을 차 지붕 위에 놓은 채로 그냥 달린 적이 있습니다. 어디서 잃어버렸는지도 몰랐지만 어떤 고마운 분의 도움으로 부서진 스마트폰과 유심칩을 되찾았습니다. 그리고 버리지 않고 간직하고 있던 오래되고 낡은, 어머니의 손때가 고스란히 묻어 있는 스마트폰에 그 유심 칩을 꽂아서 지금까지 쓰고 있습니다. 알 수 없는 인연을 느낍니다. 어려서부터 새벽이면 어머니가 외우시는 『반야심경』을 들으며 잠에서 깨던 기억이 납니다.

처음 글을 쓰고 아직 희망의 끈을 놓지 않고 있었던 몇 사람에게 보냈을 때, 제 트라우마는 여전히 그 잔인한 웃음소리를 들려주었습니다. 편지를 쓰는 과정도 그 이후의 과정도 여전히 제게는 트라우마와의 싸움이었습니다.

하지만 한 통의 답장이 저에게 생명을 주었습니다. 첫째 조카가 보낸 답장을 읽고 저는 아이처럼 울었습니다. 어떤 구체적인 도움보다 조카는 다만 제 곁에 있어주겠다고 말했습니다. 저는 제 안의 가장 견고한 고리 하나가 끊어지는 것을 느낄 수 있었습니다.

그렇게 오랜 시간 꿈쩍도 않던 트라우마에 작은 균열이 생기는 것을 확인한 순간이었습니다. 치유를 향한 첫걸음을 저는 그렇게 내디뎠습니다. 그리고 바로 이튿날 출판사에서 전화가 왔습니다.

저는 그 아이에게 제 편지를 보내지 않았습니다. 너무 힘들고 무거운 이야기를 중국에서 열심히 공부 중인 녀석에게 직접 할 수 없었습니다. 이혼하고 언니와 함께 살고 있는 형수님에게 편지를 보냈습니다. 그런데 우연인지 운명인지 마침 방학을 맞아 잠시 귀국했던 아이는 코로나19 바이러스 사태로 발이 묶였고, 제 편지를 읽은 후 소중한 메시지를 보내주었던 것입니다.

그 아이가 아직 갓난아기였을 때, 오랫동안 품에 안고 자장가를 불러준 기억이 있습니다. 내려놓으면 울어서 3시간 넘게 아이를 안고 잠을 재웠습니다. 그것은 고통이 아니라 행복이었습니다. 그때 가장 많이 불러준 노래를 그 아이가 막 초등학생이 되었을 때 다시 불러주었습니다.

처음 듣는 노래라면서 몇 소절을 듣던 아이는 눈물이 날 것 같다며 그만 부르라고 했습니다. 갓난아기들은 아직 뇌가 다 자라지 못하여 우리처럼 듣지도 기억하지도 못합니다. 아이는 귀로 듣고 뇌로 기억한 것이 아니었습니다. 온몸으로 노래를 듣고, 노래를 불러준 제 마음을 기억하고 있었던 것입니다.

저는 네 명의 조카를 모두 '꿀땡이'라고 불렀습니다. 그 아이들을 보고 있노라면, 어찌나 사랑스러운지 저도 모르게 그렇게 부르곤 했습니다. 그 꿀땡이들이 어쩌면 제 고단하고 힘들었던 삶을 버티게 해준 숨은 힘이었는지 모릅니다.

언젠가 초등학생이던 첫째와 유치원생이던 둘째가 길 위에서 저를 발견하고는, 50미터 정도를 '삼촌!' 하고 반갑게 부르며 달려와 제 가슴팍에 그대로 안긴 적이 있습니다. 그때만큼 살아 있다는 느낌을 생생하게 느껴본 적이 없습니다.

둘째 조카는 '구삭둥이'였습니다. 이 아이가 인큐베이터에서 나와 우리 집으로 온 날, 저는 아이의 똥 기저귀를 직접 빨면서 행복했습니다. 지난해 고3이 되었던 둘째 조카에게, 일주일에 한 번씩 반년 가까이 편지를 보냈습니다. 제가 좋아하는 시와 노래를 소개해주고, 고3의 힘든 시간을 이겨내는 데 조금이라도 위로와 도움을 주고 싶었습니다.

하지만 그 시들을 다시 읽어보고, 그 노래들을 다시 들어보았던 시간은 오히려 저 자신에게 더 큰 위로와 도움이 되었습니다. 어쩌면 제 둘째 조카는 이 책에 담긴 이야기의 씨앗이 되었던 편지들을 읽음으로써 이 책의 첫 번째 독자가 되어주었던 것인지도 모릅니다.

유일한 사내아이이며 올해 고등학생이 된 셋째 조카는, 지난해 자신이 쓰던 모자와 배낭 그리고 노트북을 제게 선물했습니다. 저는 그 모자를 쓰고, 배낭을 메고 전국을 돌아다녔습니다. 그리고 어머니의 스마트폰으로 썼던 수많은 조각글을 그 노트북으로 하나하나 이어 붙였습니다.

막내는 아직 초등학생입니다. 이 아이 안에 제 가족들이 다 들어 있는 것 같은 느낌이 들 때가 많았습니다. 좋은 모습도 있고, 나쁜 모습도 있습니다. 아이다운 모습도, 어른다운 모습도 보였습니다. 세상의 모든 막내는 어쩌면 그 막내가 속한 공동체의 결론이면서 희망과 같은 존재가 아닐까 생각해봅니다.

이렇게 제 이야기와 이 책에는 어머니의 풍요로운 흙과 첫째의 따뜻한 햇살이, 둘째의 꿈꾸는 씨앗과 셋째의 이슬 같은 빗물이, 그리고 막내의 서늘한 바람이 함께 춤을 추고 있습니다. 이 소중하고 고마운 힘들이 아니었다면 저는 이 글을 쓰지 못했을 것입니다. 영원히 잊지 않을 것입니다.

아직도 가야 할 길을 앞두고 있는 제게는 무엇보다 휴식이 간절합니다. 장철웅이 불렀던 「서울 이곳은」의 노랫말처럼 만약 휴식을 가진 후에 '제 마음이 넓어지고 자유로워'진다면, 돌아와 마치 처음인 것처럼 다시 사람들을 만나고 싶습니다.

지난해 잠시 기운을 차리고 아픈 다리를 끌며 전국을 돌아다닐 때, 막내와 꿈속에서 나누었던 대화를 잊지 않고, 짧은 시 한 편으로 남겨놓았습니다. 꿈과 현실은 때로 그 구분이 분명치 않을 때가 있습니다. 막내와의 이 신비스러운 대화를 제 길고 무거운 이야기의 마지막에 쉼표처럼 놓아두고자 합니다.

이 시가 여전히 가야 할 길을 앞에 두고 있는 저의 결론과 희망이라고 믿고 있습니다.

삼촌, 무자비한 거랑 잔인한 거랑 같은 말 아냐?

아니, 다른 거야!

아니, 자비가 없으면 그게 잔인한 거지 뭐!

겨울에 말이다

한겨울에는 따뜻함이 별로 없지

하늘도 대지도 모두 차가워지니까

그러나 겨울이 잔인한 것은 아니잖아?

겨울은 겨울다워야 하니까

냉정하고 무자비해져도

그게 꼭 필요할 때가 온 거니까

그냥 잔인한 거와는 다른 거란다

삼촌, 그럼 겁이 없는 거랑 용감한 거는 틀림없이 같은 거겠지?

아니, 다른 거야!

아니, 겁이 나는데 어떻게 용감할 수 있어?

겁이 많으면 소심해지지

마음이 작아져서 그 마음속에

소중한 것도 많이 담아둘 수 없게 되지

그러나 남은 소중한 것을 지키지 못할까봐

지키고 싶은 소중한 것마저 혹시 달아날까봐

겁이 나지만 그게 더 무서우니까

뭐라도 하고 싶어서, 뭐라도 해야만 해서

그냥 뭐라도 하는 것이 용기야

아하, 그렇구나!

## 공감에 대하여

이 글은 2년 전에 써두었던 미완의 에세이를, 이 편지를 쓰면서 마무리한 것입니다. 다니고 있던 직장 사무실에서까지 살아보면서 몸부림을 이어가던 2018년 여름, 결국 실패하고 저는 서울의 한 고시원에서 절망의 나날을 보내고 있었습니다. 그때 유서를 쓰는 심정으로 깊은 밤 한 줄 한 줄 써내려갔던 글입니다. 이 글을 다시 읽어보게 될 줄은 꿈에도 몰랐고, 썼다는 것 자체를 잊고 있었습니다.

이 작은 에세이를 통해 저는 공감과 이해가 어떻게 다른지를 설명하고 싶었습니다. 누가 만일 여자를 '가슴이 있는 남자'로, 남자를 '가슴이 없는 여자'로 부른다면 어떻게 생각하시겠습니까? 이렇게 현실과 동떨어진 논리를 철학에서는 '환원주의'라고 부릅니다. 더 이상 같을 수 없는 것들을 무리하게 어떤 하나에 속하게 할 때 일어나는 현실의 왜곡이 환원주의이며, 우리에게 끊임없이 잘못된 판단을 하게 만듭니다.

그리고 이 글은 읽는 이에게 단지 공감을 이해시키고 싶어 쓴 글이지, 공감시키기 위해 쓴 글이 아님을 덧붙이고 싶습니다. 이것이 언어가 갖는 한계라고 생각합니다. 책을 읽고 수영에 대해 이해했다고 해서 물속에서 자유롭게 헤엄칠 수 있는 것이 아닌 것과 같습니다. 정말 수영을 배우려면 물속으로 직접 들어가 헤엄을 쳐봐야 합니다. 마찬가지로 정말 공감이 무엇인지 알려면 사람과 세상 속으로 깊숙이 들어가 실제로 공감해보는 것밖에는 달리 길이 있을 수 없습니다. 저 역시 아직 허우적대고 있을 뿐이지만 말입니다.

'공감共感, Compassion'은 이 시대에 그 의미가 가장 많이 왜곡되어 사용되는 말 중 하나일 것이다. 먼저 공감은 '동감同感' '동의同議'와 자주 혼동된다. 그러나 이들은 완전히 다른 수준, 다른 차원의 정서와 가치를 반영한다.

예를 들면 A가 사업을 하다가 망했을 때, 같은 동업자인 B가 같이 슬퍼하는 것은 일단 동감일 가능성이 높다. A와 B는 서로 같은 이해관계에 놓여 있기 때문이다. 또 원인과 해결책에 대한 생각이 같을 수가 있는데, 이때의 상황이 동의다. 동감과 동의는 같은 입장을 가진 사람들이 같은 감정, 같은 생각을 가지게 될 때 발생하는 정서와 가치를 가리킨다. 이것들은 어떤 노력이나 훈련이 필요 없다. 조건이 되면 그냥 일어나는 것이다.

그러나 A의 사업과는 무관한 C가 A의 상황을 같이 슬퍼하는 데는 공감이 작용하고 있을 가능성이 있다. A와 C 사이에는 이해관계가 없다. 그러나 C는 A가 겪는 슬픔과 고난을 기꺼이, 자신의 손해를 감수하면서까지 같이 나누려고 한다. 여기서 중요한 것은 '자신의 손해를 감수하는 것'이다. 즉 자신의 평온이라는 이익을 버리는 것이다. 때문에 공감은 '아무나' 그리고 '아무에게나' 하기 힘들다. 공감은 단순한 이해관계에서 오는 일차적인 욕망의 반응을 넘어서는 것이기 때문이다. 공감에는 후천적이고 의식적인 노력이 필요하다. 하지만 그것이 가능하려면 선천적이고 생리적인 조건 역시 필요하다.

1990년대 초 이탈리아의 자코모 리촐라티를 비롯한 일군의 과학자가 원숭이 실험을 통해 '거울 세포Mirror Cell'의 존재를 밝혀냈다. 이를 통해 인간과 고등동물에게 나타나는 공감 능력의 생물학적인 기저가 조금씩 알려지고 있다. 아직 많은 논쟁거리가 있지만, 이러한 발견과 실험의 결론 중 하나는 '공감 능력은 인간과 고등동물에게 선천적이다'라는 것이다.

하지만 우리는 늑대 소년의 이야기를 알고 있다. 인간에게는 선천적인 언어능력이 있으나 사용하지 않으면 발현되지 않는다. 이처럼 우리에게 설사 선천적인 공감 능력의 조건이 갖추어져 있다 해도, 이 역시 계발과 훈련 과정을 거쳐야 제대로 구현될 수 있다. 또 거울 세포가 일반적으로 남성보다 여성에게서 더 많이 발견된다고 해서, 여성의 공감 능력이 더 우수한 것도 아니라고 생각한다. 다리가 아무리 많아도 건너가지 않으면, 그저 다리일 뿐인 것과 같다.

그런데 C가 A를 '동정同情'할 수도 있다. 즉 A를 불쌍히 여겨 실제로 어떤 도움을 줄 수도 있다. 동정은 흔히 '측은지심惻隱之心'으로도 불리며, 매우 소중한 가치로 여겨진다. 그러나 이 말을 했던 맹자는 측은지심이 우리가 추구해야 하는 어진 마음의 '실마리'라고 했지, 그 마음과 같은 것은 아니라고 했다. 이것을 혼동하는 사람이 많다는 것은 정말 안타까운 일이다.

A를 동정하는 C는 A가 겪고 있는 고통을 같이 나누려 하거나 자신의 손해를 감수하려고까지 하지 않는다. 공감이 그 대상과 '평등한 관계'를 추구하는 태도라면, 동정은 그 대상과 나를 '상하의 관계'로 엄격히 구분하는 태도다. 겉으로 볼 때는 비슷할지라도, 공감과 동정은 완전히 다른 목적을 품고 있다. 동정은 그것을 받는 사람에게 비굴함을 느끼게 할 수 있으며, 그것을 주는 사람에게 진정한 고마움을 느끼지 못하게 한다. 동정의 마음이 성숙하면 공감이 될 수 있다. 그러나 거기서 멈춘다면 주는 사람에게도 받는 사람에게도 동정은 독이 되는 경우가 많다.

또 하나의 예를 들어보자. 어린아이가 학교에서 선생님께 꾸중을 듣고 풀이 죽어 집에 왔다. 그럴 때 엄마들은 보통 다음 중 하나의 태도를 취한다.

> 그건 네가 잘못했기 때문에 선생님이 선생님으로서 할 일을 하신 거야. 네 잘못을 받아들여야지. 상황을 긍정적으로 보거라. 속상해하지 말고 이번 기회에 네 행동을 반성하고 고치도록 하거라!

반면 어떤 엄마들은 아이의 말을 들어보고 설사 아이에게 어느 정도 잘못이 있었다는 '이해'가 든다 할지라도 먼저 아이가 속상해하고 있고, 누군가 자신을 위로해줄 사람을 필요로 하며, 자신이 힘든 상태라는 것을 알아줄 사람을 찾고 있다는 것에 초점을 맞춰 이렇게 말한다.

> 네가 그렇게 한 뒤에 선생님이 그런 말을 하셨구나. 속상하겠다. 많이 힘드니? 엄마도 네가 힘들어하는 것을 보니 마음이 아프구나. 엄마는 널 믿는다. 선생님한테 하지 못했던 이야기가 있다면 엄마와 함께 나눠보자!

전자의 엄마가 보인 태도를 '평가와 훈계의 태도'라고 한다면, 후자의 엄마가 보인 태도는 '공감과 소통의 태도'라고 할 수 있다. 이 두 가지 태도는 아이의 정서적, 지적 성장에 중대한 영향을 미칠 수 있다.

평가와 훈계의 태도는 설사 도우려는 의도와 이치에 맞는 말을 포함하고 있고, 심지어 듣는 사람조차 그 말에 동의한다 해도, 듣는 사람으로 하여금 저항감, 서운함, 죄책감, 수치심 등을 갖게 만들곤 한다. 반면 공감과 소통의 태도는 상대에게 자신이 받아들여지고 있다는 느낌을, 자신이 소중하다는 느낌을 갖게 만들곤 한다. 자신에게 실수나 잘못이 있었더라도 악의가 없기 때문에 고치면 된다는 자발성과 자신을 힘들게 한 사람을 용서하고 싶다는 너그러운 마음마저 들게 한다.

이것은 논리가 아니라 경험을 통해 알 수 있는 것이다. 또한 인간뿐만 아니라 어느 정도의 지능과 감정을 가지고 있는 고등동물, 예를 들면 개, 코끼리, 돌고래, 영장류 등에게서도 충분히 관찰되는 현상이다. 그렇기 때문에 공감은 우리가 그 동물들과도 유대를 맺을 수 있는 근거와 토양이 된다.

공감은 좀 거칠게 말하자면 '일단 같은 편이 되어주는 것'에 가깝다. 상대가 옳든 그르든, 잘했든 잘못했든 일단은 상대와 같은 편이 되어줌으로써 상대를 위로하고, 상대가 홀로 문제를 해결해야만 한다는 절박감을 상쇄시켜준다. 또 내가 나중에라도 어떤 진심 어린 충고와 해결 방법을 제시할 때, 적어도 상대가 나에게 저항감을 느끼지 않게 할 수 있는 소박하면서도 심오한 지혜다.

사람과 사람, 혹은 사람과 고등동물의 관계는 결코 '지적인 이해理解, Understanding'만으로는 유지될 수 없다. 서로 간에 공감이 있을 때, 그 관계의 본래 의미가 살아나며 유기적 성질이 유지될 수 있다. 즉 상대의 '희로애락喜怒哀樂'을 같이 느끼려고 하는 태도가 요구된다. 상대의 고통과 부담을 덜어주기 위해 마치 내가 상대의 짐을 나누어 지듯 상대의 슬픔과 분노를 같이 느끼려고 노력할 때 공동체는 건강하게 유지될 수 있다.

무엇보다 중요한 것은 공감은 대상을 '살아 있게 하는 것'이지만, 이해는 대상을 '죽어 있게 하는 것'이라는 점이다. 이해의 '해解'는 『장자』에 나오는 백정 이야기에서처럼, 살아 있는 소를 죽여서 해체할 때의 '해'다. 이해한다는 것은, 비유하자면 살아 있는 소를 죽이고 해체해서 그 고기를 먹는 것에 가깝다. 하지만 공감은 힘들고 어려운 일이 있어도 살아 있는 소와 함께 살아가려는 태도에 가깝다. 그러니 이해와 공감은 얼마나 다른 것인가?

공감은 무엇보다 높은 차원의 '자유'를 알려준다는 점에서 우리가 꼭 경험해봐야 할 상태다. 우리는 흔히 자유를 어떤 틀이나 속박에서 벗어나는 것으로만 이해한다. 그러나 많은 예술가, 종교인은 자유가 오히려 나보다 더 높은 차원의 힘과 질서를 같이 느끼고, 즉 공감하고 그 힘과 질서에 구속되는 것이라고 고백했다.

한편 이해와 공감은 상호보완적인 역할을 하면서 다른 모습으로 우리에게 그 흔적을 남긴다. 이해는 '지식'이라는 열매로 우리 곁에 남으며, 공감은 '믿음'이라는 뿌리로 우리의 깊은 곳에 자리 잡는다. 우리는 지식을 활용하고 그것을 계속 기억하려 한다. 하지만 믿음은 그 믿는 것을 따라하는 것으로, 그리고 주어진 상황에 몰입하느라 자신이 그렇게 믿는다는 것을 자주 잊어버리는 것으로 모습을 바꾼다.

공감에 기초한 자유와 믿음을 받아들이게 되면, 공감이 항상 따듯한 엄마의 품속과 같은 것만이 아니라는 것도 자연스럽게 알 수 있다. 즉 공감의 상대적 의미와 절대적 의미를 구분할 수 있게 되는 것이다. 공감은 봄가을처럼 생명을 살아나게 하고, 풍요롭게 한다. 하지만 한여름이나 한겨울처럼 혹독한 시련을 통해 그 생명을 더 강하게, 더 유연하게 만들기도 한다. 그것이 자연이며, 그것이 현실이기 때문이다. 『노자』에는 '세상은 결코 어질지만은 않다天地不仁'라는 의미심장한 말이 있다.

누군가를 낳고 기르는 과정은 그 존재의 성장을 위해 어쩔 수 없이 냉정하고 무자비해지는 고통을 감수해야 하는 과정일지도 모른다. 부모가 되어본 사람은 이 말의 의미를 온몸으로 공감할 수 있을 것이다. 존 듀이가 『민주주의와 교육』에서 암시했던 것처럼, 성장成長은 '생장生長'이다. 이 말은 끊임없이 자라고 있음을 뜻하는 『주역』의 '생생장장生生長長'에서 온 말이다. 제한된 시간 동안만 자란다면, '좋은 것, 편한 것'만을 줄 수도 있다. 그러나 그 과정이 이어져나가야 하는 것이라면, '싫은 것, 힘든 것'도 줄 수밖에 없다.

이러한 공감과 이해에 대한 구분은 인간에 대한 정의를 내리는 데에도 영향을 미치게 된다. 인간에 대한 정의는 보통 동물, 기계 그리고 신과 같은 존재들과의 비교를 통해 다듬어져왔다. 밤을 이해하려면 낮을, 남성을 이해하려면 여성을 알아야 하는 것처럼 우리가 인간을 이해하려면, 인간과 대립 항을 이루고 있는 존재들을 같이 살펴보아야 한다.

동물은 인간에 비해 이해 능력이 현격히 떨어진다. 반면 공감 능력은 오히려 그들이 더 앞설 수 있다고 생각한다. 특히 개들이 보이는 공감 능력은 인간들을 때때로 놀라게 하고 감동하게 한다. 개와 같은 동물들에게서 보이는 탁월한 공감 능력은 어떻게 설명될 수 있을까?

다른 이유도 있겠지만, 일단 나는 그들이 주로 사용하는 감각과 연관이 있다고 본다. 동물도 물론 시각을 활용하지만, 공감 능력이 뛰어난 동물, 즉 개나 영장류, 코끼리, 돌고래 등은 주로 후각, 청각, 촉각,

미각을 사용해 세계를 인식한다. 그래서 그들이 인식하는 세상은 주로 시각을 이용해 세계를 인식하는 인간의 세상과 많이 다를 것이다.

포유류의 새끼는 어미의 배 속에 있을 때에도 이미 맛보고, 냄새 맡고, 만지고, 들을 수 있다. 하지만 보지는 못한다. 눈은 엄마 배 밖으로 나와야 뜰 수 있다. 그렇게 세상으로 나온 새끼를 어미가 안았을 때 서로에게 나는 냄새, 입 맞출 때의 맛이나 젖의 맛, 서로가 느끼는 촉감, 서로에게서 나는 소리는 매우 원초적인 기억으로 남는다. 그리고 바로 이 기억이 포유류가 갖는 공감 능력의 생리적인 바탕이 된다고 생각한다.

때문에 이러한 조건은 후각, 미각, 촉각, 청각에 의해 만들어진 기억에 더 많이 의존하는 동물의 공감 능력이, 주로 시각에 의해 만들어진 기억에 의존하는 사람의 공감 능력보다 왜 더 탁월한지를 설명하는 생리적 근거가 된다고 나는 생각한다. 동물학자들은 개의 후각이 인간에 비해 몇만 배 더 발달해 있지만, 시각 능력은 훨씬 떨어진다고 지적한다.

한번 상상해보라. 그렇다면 개들이 인식하는 세상이 우리와 얼마나 다를지. 주로 후각에 기초한 그들의 기억이, 주로 시각에 기초한 우리의 기억보다 얼마나 강렬할지. 그리고 왜 개가 인간보다 인간에게 더 충직하고, 자신을 길러준 사람에 대한 공감 능력이 그렇게 뛰어난지를 말이다.

기억은 공감과 밀접한 연관이 있으며, 사실상 공감과 기억은 서로 분리될 수 없다. 논리적으로는 기억이 먼저 공감을 이끌지만, 공감은 기억을 강화한다. 일종의 순환 구조에 놓인다고 할 수 있으며, 실제 상황에서 이 둘을 구분하는 것은 거의 불가능하다. 공감하기 위해서는 상대에게 애정, 신뢰, 유대감, 연대의식, 공동체 의식을 가져야 한다. 이러한 것들은 계약에 의해 성립되는 단순한 이해관계보다 훨씬 높은 수준의 가치다. 이 가치들이 바로 기억에 의해 유지되고 소환되며, 공감은 이것을 다시 새로운 기억으로 만들어 저장하고 강화한다.

물론 탁월한 공감 능력을 가진 존재들은 낯선 상대나 심지어 적대적인 존재들에게도 공감할 수 있다. 하지만 일반적인 수준에서 보자면 공감이 이루어지는 과정에는 좋은 기억, 유쾌하고 사랑스러운 기억, 서로를 하나로 묶었던 기억, 우리는 결코 서로 떨어져 살 수 없는 관계라는 생생한 기억이 전제되는 경우가 많다.

지적인 이해는 사람만이 할 수 있는 것이 아니다. 앞으로 본격적인 '인공지능AI'의 시대가 열릴지 모르겠으나, 현재의 컴퓨터 시스템이 보여주는 이해 능력만으로도 기계는 인간의 이해 능력을 충분히 앞서고 있다고 평가된다. 그러나 공감은 사람을 포함한 일부 고등동물, 나아가 아직 우리가 그들에 대해 잘 모를 수 있는 일부 생명체의 유일한 능력이다. 아무리 인공지능이 발달한다 해도 기계는 공감을 할 수 없다.

앞서 말했듯이, 공감에는 공감하는 사람에게 어떤 손해가 발생할 수 있는데, 이것은 '손해 보는 척'하는 것이 아니라, '진짜 손해 보는 것'이기 때문이다. 어떤 뛰어난 알고리즘으로도 생명체가 오랜 시간

진화를 통해 발전시켜온, 이렇게 같이 손해 보는 능력은 구현해낼 수 없다. 상대가 아프다고 기계가 자신을 아프게 할 수 있는가? 아픔이라는 어떤 정보나 신호를 저장하고, 호출할 수는 있을 것이다.

진심으로 공감하는 사람은 단지 기분만 그렇게 느끼는 것이 아니라, 실제로 신체적인 '고통, 손해, 장애'도 감수하게 된다. 때로 공감은 '죽음'이라는 극단적인 상황을 만들기까지 한다. 잘 알려진 중국 고사로 '단장斷腸의 이야기'가 있다. 사람들에게 잡혀간 새끼 원숭이를, 멀리서 어미 원숭이가 울부짖으며 따라왔다. 따라오다가 어미 원숭이가 죽어버리자, 사람들은 어미의 배를 갈라보았다. 새끼의 고통에 대한 공감으로 어미는 창자가 모두 끊어져 있었다.

인공지능이 공감을 구현하려면 먼저 '고통'을 디지털로 구현할 수 있어야 한다. '죽음에 대한 두려움'도 구현할 수 있어야 한다. 그리고 무엇보다 그것과 대극을 이루는 '삶에 대한 욕망, 환희'도 구현할 수 있어야 한다. 하지만 이러한 것들은 근원적으로 생명에 속한 것이며, 몸을 전제로 한다.

기계는 빛을 이용한 정보, 즉 시각 정보에만 의존한다. 물론 다른 감각 정보도 인식할 수 있지만, 이것을 시각 정보로 번역할 때에만 인식할 수 있다. 이것이 바로 빛을 통한 소통, 즉 디지털의 원리다. 빛을 통한 소통은 밝음과 어둠, 혹은 켜짐과 꺼짐 이 두 가지 정보만 있으면 된다. 반면 냄새, 맛, 촉감, 소리는 아날로그의 원리를 주로 따른다. 아날로그 방식의 소통은 매우 복잡하고 많은 정보를 필요로 한다. 디지털은 이것 아니면 저것이다. 정확하다. 아날로그는 정확하지 않다. 모호하고 이것저것이 섞여 있다.

그러나 그렇기 때문에 역설적으로 아날로그의 세계에서는 인식을 위한 '반복 및 돌아감의 노력'과 '기억의 노력'이 인식 주체에게 발생할 수밖에 없다. 반복하여 그 정보를 확인하고, 인식 대상으로 다시 돌아가 더 많은 정보를 얻으려 한다. 또 끊임없이 기억해야 한다. 그리고 이 과정이 바로 공감의 비옥한 토양이 된다고 생각한다.

그래서 인공지능은 결코 공감 능력을 인간 수준으로 계발할 수 없다. 시각 정보에 의존하는 디지털의 원리만 작용하고 있기 때문이다. 인공지능이 구현할 수 있는 일반적인 수준은 동의다. 이것은 앞서 말했듯이, '이해利害와 이해理解'에 근거한 것이다. 그런데 이것은 바이러스도 할 수 있다. 바이러스는 생물과 무생물의 경계에 있는 아주 작은 일종의 기계다. 아마도 인공지능이 가장 높이 도달할 수 있는 단계가 동정, 즉 불쌍히 여김일 것이다. 동정은 나와 대상을 우월과 열등으로 구분하는 알고리즘만 만들 수 있다면 구현 가능하다.

만일 인공지능이나 기계가 그 이상의 상태를 구현할 수 있다면, 그것은 생물학적 진화가 기계적 진화에서 일어난 것으로, 그때부터 그것은 더 이상 기계가 아니라고 봐야 한다. 영화 「매트릭스」는 기계가 죽음에 대한 두려움을 느껴, 인간을 지배하고 사육하는 세계를 보여준다. 그 영화에서 기계는 이미 하나의 생명 종이 되었다고 나는 생각한다.

남은 것은 '신'이다. 과연 신은 이해와 공감 능력이 인간보다 더 뛰어날까? 그렇기도 하고 그렇지 않기도 하다는 것을 많은 신화는 알려준다. 중요한 것은, 신은 동물이나 기계처럼 우리가 관찰하거나 다룰 수 없는 존재라는 것이다. 그들이 어떠한 존재인지 우리는 모른다. 정말 신이 있는지 없는지조차 잘 모른다.

결론은 동물, 기계, 인간을 구분 짓는 가장 핵심적인 능력이 '이해와 공감 능력의 균형 혹은 조화'라는 것이다. 신은 일단 접어두자. 어떤 것은 동물이, 어떤 것은 기계가 인간을 능가한다. 그러나 그 둘의 균형과 조화를 통해 '불완전하지만 지속 가능한 관계와 삶'을 유지할 수 있는 힘이, 인간을 인간이게 만드는 고유한 능력이라고 생각한다. 비록 그 힘이 수많은 시행착오와 고통을 통해 길러지는 것일지라도 말이다.

과학을 숭배하는 현대인들에게는 공감 능력이 부족하다. 머리를 써야 하는 이해 능력은 학교나 직장에서 공식적인 학습을 통해 기를 수 있도록 국가가 장려한다. 하지만 가슴을 열어야 하는 공감 능력은 그 능력을 계발해야 하는 책임이 대부분 개인에게 맡겨져 있는 것이 현실이다.

여기 사람은 둘인데 사과가 하나만 있다고 하자. 이 문제를 어떻게 해결해야 할까? 정밀한 저울과 칼을 써서 사과를 공평하게 자르는 것은 자연과학의 길이라고 할 수 있다. 사과를 자르지 않은 사람이 먼저 고르게 하여 공정성을 확보하는 것은 사회과학의 길일 것이다. 하지만 우리의 가슴을 열 수만 있다면, 이 문제는 더 이상 문제가 아니다. 서로 양보하거나 아니면 굶주린 다른 누군가에게 사과를 줄 수 있는 것이다. 이것이 인문학과 예술 그리고 종교의 길이며, 동시에 상식의 길이다.

김애란의 소설집 『바깥은 여름』에는 어린 아들을 자동차 사고로 잃은 부부의 이야기 「입동」이 실려 있다. 부부에게는 '이해에 근거한 과학적인' 처방이 내려진다. 많은 보상금과 위로의 꽃다발이 주어졌다. 하지만 사람들은 그 돈벼락을 시기하고, '자식을 잃은 사람은 마트에서 무엇을 사는가?' 하는 변태적인 관심을 기울인다. 남편은 '많은 이들이 내가 이만큼 울어줬으니 너는 이제 그만 울라며 줄기 긴 꽃으로 아내를 채찍질하는 것처럼 보였다'고 묘사한다. 구체적인 해결책을 찾기 위해 과학은 꼭 필요하다. 그러나 죽은 아들과 같이 해결책을 찾을 수 없는 문제 앞에서 우리는 어떻게 해야 하는가?

이해는 문제를 해결하는 것이고, 공감은 해결이라는 문제를 해결하는 것이다. 해결할 수 있는 문제는 해결해야 한다. 그러나 아무리 최선을 다한다 해도 해결책을 찾을 수 없는 문제 앞에서 우리는 그저 죽은 것처럼 목숨만 이어가야 하는 것인가? 우리 삶에서 분명한 방법과 구체적인 해결책을 찾을 수 있는 문제가 과연 얼마나 되는가? 우리는 이런 문제와 만날 때마다 외면과 침묵으로 우리를 마비시켜야 하는가?

이해는 문제를 죽여버리거나 굴복시키는 것이며, 공감은 문제를 존중하고 그것과의 관계를 새롭게 바꾸어 같이 살아가는 것이다. 그래서 이해는 치료에, 공감은 치유에 비유할 수 있다. 이해와 치료는 우리 삶의 수단과 방법이며, 공감과 치유는 우리 삶의 목적이다. 이러지도 저러지도 못하는 딜레마, 해결책과 방법을 찾을 수 없는 모순 속에서도 우리는 우리 삶의 목적을 잊어버리거나 잃어버리지 않을 수 있다. 그리고 이 기억과 깨어 알아차림이 곧 공감과 치유라고 믿는다.

공감과 치유는 한 방향으로만 일어나지 않는다. 즉 공감하면서 동시에 공감받게 되며, 치유를 도와주면서 동시에 자신도 치유된다. 만일 공감과 치유가 어느 한 방향으로만 흐르고 있다면 이것은 아직 부족한 것이며, 진정한 공감과 치유로 가는 과정에 있는 것이다. 공감과 치유가 온전히 일어날 때는 그 상황과 관련된 사람들이 모두 영향을 받는다. 양방향으로 흐르며, 여러 방향으로 흐른다. 마치 사랑이 그러하듯.

그래서 공감 능력은 공감을 '하는' 능력만을 의미하지 않는다. 공감이 '되는' 능력, 즉 공감을 불러일으키는 능력도 포함한다. 소년기 이전의 아이들을 정성껏 보살펴본 이들은 아이들에게는 어른에게 없거나 부족한, '특별한 능력'이 있음을 직관적으로 알아차리곤 한다. 그것은 오히려 어른들이 아이들에게 공들여 배워야 할 능력이다. 예수는 이것을 잘 알고 있지 않았을까? 신약성서 「마태복음」 19장에는 다음과 같은 기록이 있다.

그때에 사람들이 예수께서 안수하고 기도해주심을 바라고 어린아이들을 데리고 오매 제자들이 꾸짖거늘, 예수께서 이르시

> 되 ‘어린아이들을 용납하고, 내게 오는 것을 금하지 말라. 천국이 이런 사람의 것이니라’ 하시고, 그들에게 안수하시고 거기를 떠나시니라.

맹자는 ‘대인이란 갓난아기의 마음을 잃지 않는 사람이다大人者, 不失其赤子之心者也’라고 말했다. 대인은 모든 것을 혼자 힘으로 이루지 않고, 주위 사람들이 자신을 도와주게 만드는 사람임을 맹자는 간파하고 있었다. 노자 역시 ‘그 품은 덕이 두터운 사람은 갓난아이와 같다. (…) 뼈도 약하고 근육도 부드럽지만 그 손으로 쥐는 힘은 견고하다含德之厚 比於赤子, 骨弱筋柔而握固’라고 설명했다. 갓난아기 앞에서는 억세고 거친 힘을 가진 자도 유순해지며, 본인이 가진 공감 능력을 극대화하는 경우가 많다.

아이들의 가장 사랑스러운 특징은 있는 그대로 보고, 듣는다는 것이다. 안데르센의 동화 『벌거벗은 임금님』에서처럼, 멋진 옷을 입었다고 임금님에게 거짓말하는 어른들과 달리 벌거벗었으면 그냥 벌거벗었다고 말한다. 아이들은 프랜시스 베이컨이 말했던 ‘극장의 우상’으로부터 가장 멀리 벗어나 있는 존재들이 아닐까? 아이들의 이러한 순수함이 바로 우리 모두의 깊은 곳에서 여전히 숨 쉬고 있는 공감 능력을 부드럽게 자극한다고 생각한다.

하지만 아이들에게 꼭 천사 같은 모습만 있는 것은 결코 아니다. 아이를 돌보는 것만큼 힘든 일이 없다고 많은 사람이 고백하듯, 아이들에게는 악마 같은 속성도 함께 존재한다. 아이들이 떼를 쓸 때는 마치 자신을 돌보는 어른들을 극한까지 밀어붙여 시험하는 것같이 보이기도 한다. 아이들의 이런 이중적인 모습에서도 앞서 언급한 공감의 절대적 의미가 드러난다. 누군가에게 공감한다는 것은 자신의 한계를 계속해서 넘어서야 하는 힘든 과정을 포함할 수밖에 없다.

때문에 아이들은 '몸집이 작은 어른'이 아니라는 것을 기억하지 않으면 안 된다. 아이들은 우리에게 다가온 귀한 손님이다. 이것을 망각하는 환원주의야말로 우리 삶을 파괴하는 가장 큰 폭력이며, 가장 잔인한 비극이다. 우리 대부분에게는 언젠가 그 폭력에 희생되어, 상처받고 고통에 몸부림치는 인간의 길로 들어선 기억이 있다. 에덴을 떠난 기억이 있다. 이것을 기억할 수 있다면 우리는 공감에 한발 더 다가갈 수 있다.

공감 능력은 오히려 고난과 시련의 상황에서 그 가치가 잘 드러나고 계발된다는 것은 삶의 슬픈 역설이 아닐 수 없다. 핍박과 압제에 시달리는 사람들에게 이 능력은 마치 작지만 소중한 불씨가 보존되고 전해지듯, 여전히 숨 쉬며 살아 있다. 중국으로부터의 가혹한 탄압과 학살에 맞서야 했던 티베트의 달라이 라마는 언젠가 한 서양 기자가 '당신의 종교는 무엇입니까?'라는 질문을 던지자 이렇게 답했다. 유럽인들에게 종교는 반드시 어떤 신이 있어야만 성립하는 것이었다.

나의 종교는 친절입니다!

나는 달라이 라마가 말했던 '친절'이 내가 생각한 공감과 같은 것이라고 믿는다. 또한 깨달음을 얻은 고타마가 범천의 간청을 받아들여 세상에 불법을 전하려 했던 마음이, 예수가 '이웃을 사랑하라'고 외쳤을 때의 마음이, 공자가 제자들에게 '인仁과 서恕'를 가르쳤을 때의 마음이, 노자가 자신의 첫 번째 보물이 '따듯함慈'이라고 고백했을 때의 마음이, 해월 최시형이 '사인여천事人如天'을 강조했을 때의 마음이, 바로 내가 생각한 공감과 같은 것이라고 역시 믿는다.

# 참고문헌


『노자』

『니까야』

『소학』

『장자』

『주역』

『중용』

『하피첩』

『디가 니까야』(1~3권), 각묵 스님 옮김, 초기불전연구원, 2006

『맛지마 니까야』(1~4권), 대림 스님 옮김, 초기불전연구원, 2012

『상윳따 니까야』(1~6권), 각묵 스님 옮김, 초기불전연구원, 2009

『앙굿따라 니까야』(1~5권), 대림 스님 옮김, 초기불전연구원, 2012

한국민속문학사전(네이버)

Castaneda, Carlos, *The Fire from Within,* Washington Square Press, 1991

———, *Magical Passes,* Harper Perennial, 1998

———, *The Active Side of Infinity,* Harper Perennial, 1999

———, *Tales of power,* Washington Square Press, 1991

———, *The power of silence,* Simon and Schuster, 1991

Mülle, Eckhard, *Ausgebrannt: Wege aus der Burnout-Krise,* herder spektrum, 1994

강준만, 『습관의 문법』, 인물과사상사, 2019

게이버 메이트, 『몸이 아니라고 말할 때』, 류경희 옮김, 김영사, 2015

권석만, 『현대 이상 심리학』, 학지사, 2013

김애란, 『바깥은 여름』, 문학동네, 2017

닐 게이먼, 『북유럽 신화』, 박선령 옮김, 나무의철학, 2020

닐 디그래스 타이슨, 『블랙홀 옆에서』, 박병철 옮김, 사이언스북스, 2018

단 카스터, 『정신력의 기적』, 진웅기 옮김, 문예출판사, 2003

단테 알라기에리, 『신곡-연옥편』, 『신곡-천국편』, 박상진 옮김, 민음사, 2007

달라이 라마·빅터 챈, 『용서』, 류시화 옮김, 오래된미래, 2004

도올, 『도올 선생 중용강의』, 통나무, 1995

라오서, 『루어투어 시앙쯔』, 최영애 옮김, 통나무, 1992

라이너 마리아 릴케, 『젊은 시인에게 보내는 편지』, 김재혁 옮김, 고려대학교 출판부, 2006

라이너 체흐네, 『행복 앞에 선 자의 불안』, 정수정 옮김, 매일경제신문사, 2005

래리 스콰이어·에릭 캔델, 『기억의 비밀』, 전대호 옮김, 해나무, 2016

루이스 스머즈, 『용서의 기술』, 배응준 옮김, 규장, 2004
마르쿠스 아우렐리우스, 『명상록』, 이덕형 옮김, 문예출판사, 2008
마리 노엘 샤를, 『세상을 바꾼 작은 우연들』, 김성희 옮김, 윌컴퍼니, 2014
마빈 토케이어, 『탈무드』, 범우사, 1991
무라카미 하루키, 『노르웨이의 숲』, 양억관 옮김, 민음사
미치 앨봄, 『모리와 함께한 화요일』, 공경희 옮김, 살림, 2017
바버라 에런라이크, 『긍정의 배신』, 전미영 옮김, 부키, 2011
박선목, 『저승길을 물어서 간다』, 산지니, 2016
박종평, 『흔들리는 마흔, 이순신을 만나다』, 흐름출판, 2013
보조지눌, 『권수정혜결사문』, 경완 옮김, 지만지, 2012
빅토르 위고, 『레미제라블』(1~5권), 정기수 옮김, 민음사, 2012
샘 크레인, 『쓸모없는 것의 가치』, 강호정 옮김, 화니북스, 2003
스캇 펙, 『아직도 가야 할 길』, 최미양 옮김, 율리시즈, 2011
스티븐 배철러, 『선과 악의 얼굴』, 박용철 옮김, 소담출판사, 2012
시오노 나나미, 『로마인 이야기』(1~15권), 1995~2007, 한길사
신영복, 『감옥으로부터의 사색』(3판), 돌베개, 2018
———, 『강의』, 돌베개, 2004
아리스토텔레스, 『니코마코스 윤리학』, 김재홍 외 옮김, 길, 2011
아서 프랭크, 『아픈 몸을 살다』, 메이 옮김, 봄날의책, 2017
아잔 브라흐마, 『술 취한 코끼리 길들이기』, 류시화 옮김, 연금술사, 2013
안네 프랑크, 『안네의 일기』, 이건영 옮김, 문예출판사, 2009
알베르 카뮈, 『시시포스 신화』, 오영민 옮김, 연암서가, 2014

앨리스 밀러, 『천재가 될 수밖에 없는 아이들의 드라마』, 노선정 옮김, 푸른육아, 2010
에드거 스노, 『중국의 붉은 별』, 홍수원 외 옮김, 두레, 2013
에드워드 쇼터, 『정신의학의 역사』, 최보문 옮김, 바다출판사, 2009
에이브러햄 매슬로, 『동기와 성격』, 오혜경 옮김, 21세기북스, 2009
엘리자베스 로프터스·캐서린 케첨, 『우리 기억은 진짜 기억일까?』, 정준형 옮김, 도솔, 2008
오승은, 『서유기』(1~10권), 홍상훈 외 옮김, 솔출판사, 2019
올리버 색스, 『나는 침대에서 내 다리를 주웠다』, 김승욱 옮김, 알마, 2012
———, 『아내를 모자로 착각한 남자』, 조석현 옮김, 알마, 2016
요하임 바우어, 『몸의 기억』, 이승은 옮김, 이지북, 2006
움베르토 마투라나·프란시스코 바렐라, 『앎의 나무』, 최호영, 갈무리, 2007
원효, 『원효의 금강삼매경론』, 은정희 외 옮김, 일지사, 2000
위화, 『인생』, 백원담 옮김, 푸른숲, 2007
윌리엄 셰익스피어, 『맥베스』, 최종철 옮김, 민음사, 2004
윤승중, 『한국의 현대건축 1876-1990』, 기문당, 1994
율라 비스, 『면역에 관하여』, 김명남 옮김, 열린책들, 2016
이마누엘 칸트, 『순수이성비판』(1~2권), 백종현 옮김, 아카넷, 2006
이순신, 『난중일기』, 박종평 옮김, 글항아리, 2018
이윤기, 『그리스 로마 신화』(1~5권), 웅진지식하우스, 2000~2002
장 코르미에, 『체 게바라 평전』, 김미선 옮김, 실천문학사, 2005
전남일 외, 『한국 주거의 사회사』, 돌베개, 2008

정약용, 『정본 여유당전서』, 다산학술문화재단 엮음, 사암, 2013
———, 『역주 흠흠신서』, 다산학술문화재단 흠흠신서연구회, 사암, 2017
조르주 캉길렘, 『정상적인 것과 병리적인 것』, 여인석 옮김, 그린비, 2018
조성오, 『철학 에세이』, 동녘, 2005
조셉 M. 마셜, 『그래도 계속 가라』, 유향란 옮김, 조화로운삶, 2008
조영래, 『전태일 평전』, 아름다운전태일, 2009
조정래, 『태백산맥』(1~10권), 해냄, 2007
조지 보나노, 『슬픔 뒤에 오는 것들』, 박경선 옮김, 초록물고기, 2010
존 듀이, 『민주주의와 교육』, 이홍우 옮김, 교육과학사, 2007
존 브래드쇼, 『가족』, 오제은 옮김, 학지사, 2006
———, 『상처받은 내면아이 치유』, 오제은 옮김, 학지사, 2004
존 음비티, 『아프리카 종교와 철학』, 장용구 옮김, 지식을만드는지식, 2012
존 카밧진, 『마음챙김 명상과 자기치유』, 김교헌 외 옮김, 학지사, 2017
———, 『존 카밧진의 왜 마음챙김 명상인가?』, 엄성수 옮김, 불광출판사, 2019
주디스 허먼, 『트라우마』, 최현정 옮김, 열린책들, 2012
지두 크리슈나무르티, 『두려움에 대하여』, 정채현 옮김, 고요아침, 2006
질 들뢰즈·펠릭스 가타리, 『천 개의 고원』, 김재인 옮김, 새물결, 2001
짐 콜린스, 『좋은 기업을 넘어 위대한 기업으로』, 이무열 옮김, 김영사, 2005
최인훈, 『광장』, 문학과지성사, 2008
최제우, 『용담유사』, 양윤석 옮김, 모시는사람들, 2013
카를 융, 『기억, 꿈, 사상』, 조성기 옮김, 김영사, 2007

———, 『무의식이란 무엇인가』, 김성환 옮김, 연암서가, 2016
카를로스 카스타네다, 『익스틀란으로 가는 길』, 김상훈 옮김, 정신세계사, 2015
칼 융, 『차라투스트라를 분석하다』, 김세영 외 옮김, 부글북스, 2017
콘스탄틴 게오르규, 『25시』, 최규남 옮김, 홍신문화사, 2012
토드 로즈, 『평균의 종말』, 정미나 옮김, 21세기북스, 2018
표도르 도스토예프스키, 『죄와 벌』, 김연경 옮김, 민음사, 2012
프리드리히 니체, 『차라투스트라는 이렇게 말했다』, 정동호 옮김, 책세상, 2000
프리드리히 엥겔스, 『루트비히 포이어바흐와 독일 고전 철학의 종말』, 강유원 옮김, 이론과실천, 2008
———, 『반듀링론』, 김민석 옮김, 새길아카데미, 2012
프리모 레비, 『주기율표』, 이현경 옮김, 돌베개, 2007
플라톤, 『에우티프론, 소크라테스의 변론, 크리톤, 파이돈』, 박종현 옮김, 서광사, 2003
피터 드러커, 『프로페셔널의 조건』, 이재규 옮김, 청림출판, 2012
피터 레빈, 『내 안의 트라우마 치유하기』, 양희아 옮김, 소울메이트, 2016
하지현, 『정신의학의 탄생』, 해냄, 2016
한용운, 『님의 침묵』, 소와다리, 2016
허준, 『동의보감』(1~3권), 조헌영 옮김, 북피아, 2005
헨리 조지, 『진보와 빈곤』, 김윤상 외 옮김, 살림, 2008
헬레나 노르베리 호지, 『오래된 미래』, 양희승 옮김, 중앙북스, 2015

헬렌 켈러, 『사흘만 볼 수 있다면』, 신여명 옮김, 두레, 2013

현각, 『만행』, 열림원, 1999

아직 트라우마를 겪고 있지만
: 아직 한 번도 만나지 못한 나의 친구에게



초판 인쇄 2020년 8월 21일
초판 발행 2020년 9월 1일

지은이 하강산
펴낸이 강성민
편집장 이은혜
편집 곽우정
마케팅 정민호 김도윤
홍보 김희숙 김상만 지문희 우상희

펴낸곳 (주)글항아리 | 출판등록 2009년 1월 19일 제406-2009-000002호
주소 10881 경기도 파주시 회동길 210
전자우편 bookpot@hanmail.net
전화번호 031-955-1936(편집부) 031-955-2696(마케팅)
팩스 031-955-2557

ISBN 978-89-6735-820-4 03180



이 도서의 국립중앙도서관 출판시도서목록(CIP)은 서지정보유통지원시스템
홈페이지(http://seoji.nl.go.kr)와 국가자료공동목록시스템(http://www.nl.go.kr/kolisnet)에서
이용하실 수 있습니다. (CIP제어번호 : CIP2020033257)

잘못된 책은 구입하신 서점에서 교환해드립니다.
기타 교환 문의 031-955-2661, 3580

www.geulhangari.com